ТЕСТЫ, ТЕСТЫ, ТЕСТЫ...

Пособие для подготовки
к сертификационному экзамену
по лексике и грамматике

Рекомендовано к печати
методическим советом Института международных
образовательных программ СПбГПУ

5-е издание

Санкт-Петербург

«Златоуст»

2011

УДК 811.161.1

Тесты, тесты, тесты... : пособие для подготовки к сертификационному экзамену по лексике и грамматике. — 5-е изд. — СПб. : Златоуст, 2011. — 140 с.

Tests, tests, tests... : a test preparation book for the certification test in vocabulary and grammar. — 5th ed. — St. Petersburg : Zlatoust, 2011. — 140 p.

ISBN 978-5-86547-406-7

Авторский коллектив:
Т.И. Капитонова, И.И. Баранова, М.Ф. Мальцева,
Е.А. Никитина, О.М. Никитина, Е.М. Филиппова

Научный редактор:
Т.И. Капитонова

Зав. редакцией: А.В. Голубева
Редактор: Д.В. Шаманский
Корректор: И.В. Евстратова
Оригинал-макет: Л.О. Пащук

Данное пособие представляет собой набор тренировочных тестов по грамматике русского языка (элементарный уровень, базовый уровень, I сертификационный уровень) и предназначено для подготовки иностранных учащихся к тестированию на I уровень владения русским языком как иностранным.

Имеется компьютерный вариант.

© Капитонова Т.И., Баранова И.И., Мальцева М.Ф., Никитина Е.А., Никитина О.М., Филиппова Е.М. (текст), 2007
© ЗАО «Златоуст» (редакционно-издательское оформление, издание, лицензионные права), 2007

Подготовка оригинал-макета: издательство «Златоуст».
Подписано в печать 28.07.11. Формат 60х90/16. Печ. л. 8,75. Печать офсетная.
Тираж 2000 экз. Заказ № 1447.
Код продукции: ОК 005-93-953005.

Лицензия на издательскую деятельность ЛР № 062426 от 23 апреля 1998 г.
Санитарно-эпидемиологическое заключение на продукцию издательства Государственной СЭС РФ № 78.01.07.953.П.011312.06.10 от 30.06.2010 г.

Издательство «Златоуст»: 197101, С.-Петербург, Каменноостровский пр., д. 24, кв. 24.
Тел.: (+7-812) 346-06-68; факс: (+7-812) 703-11-79; e-mail: sales@zlat.spb.ru; editor@zlat.spb.ru; http://www.zlat.spb.ru.

Отпечатано с готовых диапозитивов в типографии ООО «Береста».
196084, С.-Петербург, ул. К. Томчака, 28. Тел. 388-90-00.

Содежание

ПРЕДИСЛОВИЕ 4

ЭЛЕМЕНТАРНЫЙ УРОВЕНЬ

Лексико-грамматический тест 5

БАЗОВЫЙ УРОВЕНЬ

Тест 1. Падежи 14
Тест 2. Глагол 21
Тест 3. Лексико-грамматический тест 24
Тест 4. Лексико-грамматический тест 34
Тест 5. Лексико-грамматический тест 39
Тест 6. Лексико-грамматический тест 44
Тест 7. Лексико-грамматический тест 50

I СЕРТИФИКАЦИОННЫЙ УРОВЕНЬ

Тест 1. Падежи (Единственное число) 57
Тест 2. Падежи (Множественное число) 63
Тест 3. Падежи (Единственное и множественное число) 68
Тест 4. Глагол 73
Тест 5. Сложное предложение со словом «который» 78
Тест 6. Сложное предложение 82
Тест 7. Сложное предложение 88
Тест 8. Сложное предложение 95
Тест 9. Причастия и деепричастия 101
Тест 10. Грамматический тест 109
Тест 11. Грамматический тест 116
Тест 12. Лексико-грамматический тест 125

КЛЮЧИ

Элементарный уровень 136
Базовый уровень 136
I сертификационный уровень 138

ПРЕДИСЛОВИЕ

Данное пособие представляет собой набор тренировочных тестов по грамматике русского языка для иностранных учащихся (элементарный уровень, базовый уровень, I сертификационный уровень).

Целью пособия является подготовка иностранных учащихся к тестированию по I уровню владения русским языком как иностранным.

Тренировочные тесты составлены в соответствии с требованиями «Государственного образовательного стандарта по русскому языку как иностранному. Первый сертификационный уровень. Общее владение» 1999 года.

Тесты включают в себя следующие грамматические темы:

— «Склонение имён существительных, прилагательных, местоимений в единственном и множественном числе»;
— «Спряжение, время, вид глагола»;
— «Сложное предложение»;
— «Причастие»;
— «Деепричастие».

Ко всем тестам имеются ключи, которые дают возможность учащимся проверить правильность выполнения тестов.

Лексика, представленная в тестах, отобрана в соответствии с «Лексическим минимумом по русскому языку как иностранному. Первый сертификационный уровень. Общее владение» 2000 года.

Данное пособие может быть использовано иностранными учащимися как в работе под руководством преподавателя, так и при самостоятельной работе. Пособие предназначено для проверки сформированности у иностранных учащихся грамматических и лексических навыков.

ЭЛЕМЕНТАРНЫЙ УРОВЕНЬ

Лексико-грамматический тест

Выберите правильный вариант.

1. Вы умеете читать ... ?

   А) русский язык
   Б) по-русски
   В) русский

2. ... ты был?

   А) откуда
   Б) куда
   В) где

3. Я часто смотрю передачи ... телевизору.

   А) в
   Б) на
   В) по

4. Ты часто ходишь ... музеи?
5. Мы купили конверты ... почте.
6. Антон учится ... первом курсе.
7. Моя сестра учится ... школе.

   А) на
   Б) в

8. Анна ... на подготовительном факультете три месяца.
9. Мария ... физику и математику.
10. Каждый вечер Жан ... новые слова.
11. Твой брат ... или работает?

    А) учит
    Б) учится
    В) изучает

12. Как ... твою подругу?
13. Почему этот музей ... Эрмитаж?
14. Как ... ваша улица?
15. Вашего брата ... Олег?

    А) называется
    Б) зовут

16. Это здание очень … .　　　А) красивый
　　　　　　　　　　　　　　Б) красивое
　　　　　　　　　　　　　　В) красивая

17. Около института находится　А) парк
　　　старый … .　　　　　　　Б) озеро
　　　　　　　　　　　　　　В) площадь

18. Познакомься, пожалуйста, это　А) родители
　　　мой … .　　　　　　　　Б) папа
　　　　　　　　　　　　　　В) мама

19. Моё … висит в шкафу.　　　А) пальто
　　　　　　　　　　　　　　Б) костюм
　　　　　　　　　　　　　　В) рубашка

20. Наша семья живёт в … доме.　А) новый
　　　　　　　　　　　　　　Б) новой
　　　　　　　　　　　　　　В) новом

21. В классе студенты читали … статью.　А) интересная
　　　　　　　　　　　　　　Б) интересную
　　　　　　　　　　　　　　В) интересной

22. Это здание очень … .　　　А) высокие
23. В лесу … деревья.　　　　Б) высокий
24. Мой брат … .　　　　　　В) высокое

25. Это моё … пальто.　　　　А) любимая
26. Ко мне пришёл … брат.　　Б) любимое
27. Сегодня идёт дождь.　　　В) любимый
　　　Это моя … погода.

28. Сегодня ... нет свободного времени.
   А) я
   Б) у меня
   В) мне

29. ... ты учишься в одной группе?
   А) кого
   Б) кому
   В) с кем

30. Вчера я встретил ... друга.
   А) твоего
   Б) твоему
   В) с твоим

31. Я видел ... девушку в театре.
   А) этой
   Б) с этой
   В) эту

32. Моя мама идёт из ... .
   А) магазин
   Б) магазину
   В) магазина

33. Посмотри, твои книги лежат на ... .
   А) столом
   Б) столе
   В) стол

34. В четверг я говорил по телефону ... .
   А) Виктор
   Б) Виктора
   В) с Виктором

35. Ольга пришла домой ... .
   А) лекцией
   Б) с лекции
   В) лекция

36. Летом мы отдыхали ... .
   А) деревня
   Б) деревню
   В) в деревне

37. На уроке мы говорили … .

А) Москва
Б) о Москве
В) Москву

38. Я забыла свои тетради … .

А) дом
Б) доме
В) дома

39. Вы поедете на экскурсию … ?

А) автобус
Б) на автобусе
В) на автобус

40. Я ещё не знаю, что подарить … .

А) Анне
Б) Анну
В) об Анне

41. В нашем доме нет … .

А) лифту
Б) лифт
В) лифта

42. Летом Игорь был … .

А) Москва
Б) из Москвы
В) в Москве

43. Я должен позвонить … .

А) бабушку
Б) бабушке
В) о бабушке

44. Скажите, пожалуйста, сколько стоит … ?

А) молоко
Б) молока
В) о молоке

45. Моя подруга серьёзно занимается … .

А) физике
Б) физикой
В) физика

46. Мой отец работает … .
47. Самир — … .
48. Преподаватель рассказывал о профессии … .

А) биолог
Б) биологом
В) биолога

49. На экскурсии мы фотографировали … .
50. Я дал … свой фотоаппарат.

А) нашего друга
Б) нашему другу
В) у нашего друга

51. Я знаю … .

А) этот писатель
Б) этому писателю
В) этого писателя

52. У меня две … .

А) сестёр
Б) сестры
В) сёстрам

53. В нашей семье семь … .

А) человека
Б) человек
В) человеком

54. Они живут в этом доме одиннадцать … .

А) месяцев
Б) месяц
В) месяца

55. В 2003 году Петербургу исполнилось 300 … .

А) лет
Б) года
В) годы

56. В нашем городе много … .

А) театры
Б) театров
В) театр

57. До Москвы мы ехали восемь … .
А) часы
Б) часа
В) часов

58. Сегодня … будет дискотека.
А) в общежитие
Б) в общежитии
В) к общежитию

59. Мы купили сувениры … .
А) суббота
Б) в субботу
В) о субботе

60. Ибрагим переводит … Достоевского.
А) роман
Б) романа
В) романов

61. Мы вернулись домой только … .
62. Посмотрите, какая красивая … !
А) ночи
Б) ночью
В) ночь

63. Мы отдыхали на юге … .
64. Я поеду домой … .
65. Экзамен по математике будет в этом … .
А) месяце
Б) через месяц
В) месяц

66. Вы очень хорошо … стихи Лермонтова.
67. Студенты … по-русски правильно.
68. Я каждое утро … газеты.
А) читаю
Б) читаете
В) читают

69. Мы долго … , когда приедет Марина.
А) ждал
Б) ждали
В) ждёшь

Элементарный уровень

70. Завтра бабушка … внуку сказки.
    А) читает
    Б) читала
    В) будет читать

71. Вчера Катя … дома.
    А) отдыхает
    Б) отдыхала
    В) будет отдыхать

72. Раньше Пётр очень хорошо … в футбол.
    А) играть
    Б) играл
    В) играет

73. Скажите, пожалуйста, где можно … конверты?
    А) купит
    Б) купить
    В) купил

74. — Ты уже … этот журнал?
    — Нет, ещё читаю.
    А) прочитаешь
    Б) прочитал

75. Раньше Миша всегда … по 2 часа.
    А) гулял
    Б) гуляет
    В) будет гулять

76. Сейчас Маша … картину.
    А) рисовала
    Б) нарисовала
    В) рисует

77. …, пожалуйста, что Вы сказали.
    А) повторяйте
    Б) повторите
    В) повтори

78. Мой дедушка каждый день … газеты.
    А) читать
    Б) читает
    В) прочитать

79. Ты уже ... письмо? А) писал
80. Вчера Саша долго ... рассказ. Б) написал
81. Андрей ... контрольную работу целый час.

82. Сейчас Юля ... в библиотеку. А) идёт
   Б) ходит

83. Каждую неделю я ... в театр. А) иду
   Б) хожу

84. Джон, ... в субботу на выставку! А) пойдём
85. Летом мы часто ... на экскурсии. Б) ходим
86. Я хочу есть, ... обедать!

87. Дима! ... сюда. А) ходи
   Б) иди

88. Университет недалеко от общежития, мы каждый день ... туда пешком. А) ездим
   Б) пойдём
   В) ходим
89. Мы каждое лето ... на море.

90. Это студенты, ... приехали из Китая. А) которое
91. Автобус, ... стоит на остановке, поедет в центр. Б) которые
   В) который
92. Вот письмо, ... ты получил сегодня утром.

93. Сегодня плохая погода, ... мы пойдём гулять. А) и
   Б) а
94. Мой брат — студент, ... сестра — врач. В) но
95. Джон — инженер, ... Виктор тоже инженер.

96. Наташа сказала, ... завтра будет холодно.
   А) что
   Б) кто

97. Ребёнок любит, ... мама играет с ним.
98. Да, я знаю, ... преподаватель.
   А) где
   Б) когда
   В) почему

99. Когда я отдыхаю, я ... .
   А) слушал музыку
   Б) слушаю музыку
   В) послушал музыку

100. Когда мы ... упражнение, мы начали читать текст.
   А) делали
   Б) сделали
   В) будем делать

БАЗОВЫЙ УРОВЕНЬ

Тест 1. Падежи

Выберите правильный вариант.

1. Я часто хожу … .
2. Мы говорили … .
3. Моя подруга работает … .

А) новым бассейном
Б) в новый бассейн
В) о новом бассейне
Г) в новом бассейне

4. Анне нравится мой … .
5. В письме она писала … .
6. Я купил открытки … .
7. Мы ходили на выставку … .

А) старшему брату
Б) со старшим братом
В) о старшем брате
Г) старший брат

8. Наташа познакомилась … .
9. Мы подарили цветы … .
10. Мой друг — … .
11. Я встретил на выставке … .

А) известный писатель
Б) с известным писателем
В) известному писателю
Г) известного писателя

12. Марина заботится … .
13. Марк часто гуляет … .
14. Вчера … был день рождения.

А) младшая сестра
Б) у младшей сестры
В) о младшей сестре
Г) с младшей сестрой

15. Я встретила в музее … .
16. Я люблю петь песни вместе … .
17. … всегда покупает здесь цветы.
18. Антон часто спрашивает меня … .

А) моя подруга
Б) о моей подруге
В) мою подругу
Г) с моей подругой

19. Студенты идут … .
20. Джулия была … .
21. Сегодня у нас нет … .
22. … начинается в 14 часов.

А) на последней лекции
Б) последней лекции
В) последняя лекция
Г) на последнюю лекцию

23. Сегодня у него … .
24. Он серьёзно готовился … .
25. Мы долго говорили … .
26. В этом семестре у нас нет … .

А) трудного экзамена
Б) о трудном экзамене
В) трудный экзамен
Г) к трудному экзамену

27. Мы говорили … .
28. Дай мне, пожалуйста, … .
29. Мне очень нужна … .
30. В библиотеке нет … .

А) эту книгу
Б) об этой книге
В) этой книги
Г) эта книга

31. Мой брат родился … .
32. Это стихи … .
33. … — самое хорошее время года.

А) весна
Б) о весне
В) весной
Г) весну

34. Летом Карлос поедет… .
35. Мой друг очень любит … .
36. Она часто говорит … .

А) своего отца
Б) о своём отце
В) свой отец
Г) к своему отцу

37. Мы начали изучать русский язык … .

А) этот месяц
Б) в этом месяце
В) об этом месяце

38. Мы хотим поехать … .

А) юг
Б) на юге
В) на юг

39. Книга лежит … .

А) стол
Б) столу
В) на столе

40. Дети гуляют … .

А) площадь
Б) о площади
В) по площади

41. Студенты сидят … .

А) аудитория
Б) в аудиторию
В) в аудитории

42. Моя сестра работает … .

А) о почте
Б) на почте
В) почта

43. Я учусь … .

А) политехнический университет
Б) в политехническом университете
В) политехнического университета

44. Мой родной город находится … Китая.

А) север
Б) на север
В) на севере

45. Вчера студенты были … .

А) экскурсия
Б) об экскурсии
В) на экскурсии

46. Родители Ахмеда живут … .

А) Сирия
Б) Сирией
В) в Сирии

47. Они долго стояли … .
А) мост
Б) по мосту
В) на мосту

48. Друзья любят гулять … .
А) в лесу
Б) о лесе
В) лес

49. Маленький ребёнок спал … .
А) диван
Б) на диване
В) с дивана

50. В письме Марта спрашивала Джулию … .
А) мать
Б) для матери
В) о матери

51. На уроке мы читали … .
А) Петербург
Б) о Петербурге
В) Петербургу

52. Мальчик мечтал … .
А) о собаке
Б) собака
В) собакой

53. Преподаватель рассказывал нам … .
А) к экзамену
Б) экзамен
В) об экзамене

54. Иван думал … .
А) к дому
Б) о доме
В) дом

55. А.С. Пушкин много писал … .
А) любовь
Б) любовью
В) о любви

56. Я живу … .

А) большая светлая комната
Б) в большую светлую комнату
В) в большой светлой комнате

57. Моя подруга учится … .

А) на втором курсе
Б) второй курс
В) второго курса

58. В … есть телефон?

А) твоя комната
Б) твою комнату
В) твоей комнате

59. Вы были … ?

А) наш клуб
Б) в нашем клубе
В) о нашем клубе

60. Она рассказывала … брате.

А) своим
Б) о своём
В) своему

61. Мы слышали … .

А) этот новый французский фильм
Б) об этом новом французском фильме
В) в этом новом французском фильме

62. Каникулы начинаются 15 … .

А) январь
Б) в январе
В) января

63. Я начал изучать русский язык … .

А) прошлый год
Б) в прошлом году
В) прошлым годом

64. Мы идём на экскурсию … .

А) эта неделя
Б) эту неделю
В) на этой неделе

65. Мы часто вспоминаем … .

А) интересным путешествием
Б) об интересном путешествии
В) интересному путешествию

66. Олег написал мне … .

А) своей любимой девушке
Б) своя любимая девушка
В) о своей любимой девушке

67. … была хорошая погода.

А) май
Б) в мае
В) мая

68. На столе лежало … .

А) с зелёным яблоком
Б) зелёное яблоко
В) в зелёном яблоке

69. Преподаватель попросил студентов принести … .

А) географическая карта
Б) географическую карту
В) географической картой

70. Они любят … .

А) своей родной страной
Б) о своей родной стране
В) свою родную страну

71. Справа от окна стояло … .

А) удобный диван
Б) удобная кровать
В) удобное кресло

72. Вчера Андрес и Каролина были … .

А) дискотека
Б) на дискотеке
В) дискотеку

73. Экзамен будет … .

А) вторник
Б) о вторнике
В) во вторник

74. Я очень хочу купить … .

А) этого словаря
Б) этот словарь
В) этим словарём

75. На уроке мы говорили … .

А) история России
Б) об истории России
В) историей России

Тест 2. Глагол

Выберите правильный вариант.

1. Я люблю … программу «Новости».
   А) смотрю
   Б) смотреть
   В) буду смотреть

2. Марта часто … письма из дома.
   А) получать
   Б) получит
   В) получает

3. Завтра мы … домашнее задание.
   А) делать
   Б) будем делать
   В) делаем

4. Я хочу … маме цветы.
   А) дарит
   Б) дарил
   В) подарить

5. Почему ты … вчера на урок?
   А) опоздал
   Б) опоздаешь
   В) опаздывал

6. Сергей долго … фотоаппарат в магазине.
   А) выбрал
   Б) выбирать
   В) выбирал

7. Антон не смог … трудную задачу.
   А) решать
   Б) решить
8. Антону надо … 3 задачи.
9. Ты уже начал … последнюю задачу?
10. Мы будем … задачи весь урок.

11. Анна вчера долго ... рассказ. А) писала
12. В воскресенье Мария ... 5 писем. Б) написала
13. Ты уже ... всё упражнение?
14. Ира ... новые слова 30 минут.

15. Я часто ... этого студента в библиотеке. А) встречал
16. Сегодня я ... Жана на Невском проспекте. Б) встретил
17. Я никогда не ... этого человека раньше.
18. Как хорошо, что я тебя ... .

19. Моя мама любит ... . А) готовила
20. Ты уже ... ужин? Б) приготовит
21. Раньше она никогда не ... . В) готовить
22. Оля ... рыбу завтра. Г) приготовила

23. Лора ... стихи завтра. А) учит
24. Моя подруга уже ... вчера эту песню. Б) учить
   В) выучила
25. Она всегда ... слова быстро. Г) выучит
26. Таня не будет ... текст.

27. Я хочу ... подругу в кино. А) приглашает
28. Лена любит ... гостей. Б) пригласить
29. Вчера Ольга ... меня в театр. В) приглашать
30. Кто часто ... тебя на дискотеку? Г) пригласила

31. Мигель уже хорошо ... по-русски. А) читать
32. Ты уже ... эту книгу? Б) прочитает
33. Завтра Джон ... этот журнал. В) прочитал
34. Ему нравится ... детективы. Г) читает

35. Джулия часто ... домой.　　　　А) позвонит
36. Мне надо ... врачу.　　　　　　Б) звонит
37. Почему ты не ... мне вчера?　　В) позвонить
38. Она обязательно ... тебе завтра.　Г) позвонила

39. Завтра Борис ... мне новые фотографии.　　А) показывает
　　　　　　　　　　　　　　　　Б) показывать
40. Я хочу ... тебе мой университет.　В) покажет
41. Андрей часто ... мне интересные места города.　Г) показать
42. Экскурсовод будет ... нам картины.

43. Раньше я всегда ... газеты в этом киоске.　А) купил
　　　　　　　　　　　　　　　　Б) покупал
44. Сейчас я часто ... газеты в другом киоске.　В) купить
　　　　　　　　　　　　　　　　Г) покупаю
45. Сегодня утром я ... 2 газеты.
46. Сергей хочет ... билеты на футбол.

47. Мой друг уже закончил ... грамматику.　А) повторять
　　　　　　　　　　　　　　　　Б) повторяю
48. Я завтра ... новые правила.　　В) повторю
49. Я ... стихи каждый день.　　　Г) повторил
50. Иван уже ... слова песни.

51. Фред любит ... о своей стране.　А) рассказывать
52. Он потом ... мне об экскурсии.　Б) рассказывает
53. Он уже ... текст вчера.　　　　В) рассказал
54. Рами часто ... интересные истории.　Г) расскажет

55. Кто может ... мне эту задачу?　А) объяснял
56. Преподаватель весь урок ... новую тему.　Б) объяснить
57. Он быстро ... мне, где находится почта.　В) объяснил
58. Завтра Хорхе ... мне трудное правило.　Г) объяснит

59. Куда ... сейчас Ольга? А) идёт
60. Каждый день она ... в библиотеку. Б) ходит
61. Кто ... сегодня на экскурсию?
62. Он часто ... в театр?

63. Вчера я ... в музей. А) идёшь
64. Куда ты ... сейчас? Б) ходил
65. Ты уже ... в столовую? В) пойдёшь
66. Ты ... завтра на стадион?

67. Ира часто ... в Москву. А) едет
68. Сейчас она ... в центр. Б) ездит
69. Куда она ... каждый день?
70. Сейчас мама ... на работу.

Тест 3. Лексико-грамматический тест

I ЧАСТЬ

Выберите правильный вариант.

1. Мой брат молодой, а мой дедушка ... .
   А) старший
   Б) старинный
   В) старый

2. Наташа не ... читать по-немецки.
   А) знает
   Б) умеет
   В) понимает

3. Лектор ... , что его зовут Иван Петрович.
   А) рассказал
   Б) сказал
   В) разговаривал

4. Студенты окончили университет и ... дипломы.
А) взяли
Б) сделали
В) получили

5. Мы должны ... все задачи через 2 часа.
А) решать
Б) решить
В) учить

6. Моей сестре нравится ... по центру города.
А) отдыхать
Б) гулять
В) играть

7. Антон читает ... без словаря.
А) английский язык
Б) по-английски
В) английский

8. Деканат находится не здесь, а ... .
А) туда
Б) сюда
В) там

9. Мой друг — студент, он ... в институте.
А) учит
Б) изучает
В) учится

10. Марина хочет ... новые стихи.
А) изучить
Б) выучить
В) изучает

11. Многие студенты ... из Азии.
А) приехали
Б) пришли

12. Мой отец ... мне стать врачом.
А) попросил
Б) посоветовал
В) рассказывал

13. Елена ... , когда начинаются экзамены.
   А) посоветовала
   Б) спросила
   В) попросила

14. Я люблю спорт и часто ... в футбол.
   А) занимаюсь
   Б) делаю
   В) играю

15. На уроке преподаватель интересно ... о русских поэтах.
16. Преподаватель ... со своими студентами.
   А) рассказывал
   Б) разговаривал

17. Мы уже ... этого студента.
18. Вчера весь вечер они ... телевизор.
19. В кинотеатре они 2 часа ... новый фильм.
20. Вы не ... нашего преподавателя?
   А) смотрели
   Б) видели

II ЧАСТЬ

Выберите правильную форму.

21. Произведения искусства народов России можно посмотреть ... .
   А) Музей этнографии
   Б) в Музее этнографии
   В) из Музея этнографии

22. Иностранные студенты были на экскурсии ... .
   А) из средней школы
   Б) средняя школа
   В) в средней школе

23. Студенты смотрят незнакомые слова ... .
   А) словарей
   Б) в словарях
   В) словари

24. Все новые студенты должны взять учебники … .
   А) наша библиотека
   Б) в нашей библиотеке
   В) нашу библиотеку

25. Знаменитый русский балет можно посмотреть … .
   А) Мариинский театр
   Б) в Мариинском театре
   В) у Мариинского театра

26. Молоко, кефир, сметану, творог можно купить … .
   А) молочный отдел
   Б) молочным отделом
   В) в молочном отделе

27. Чемпионат по футболу начнётся … .
28. Сегодня … .
   А) пятое марта
   Б) март
   В) в марте

29. Мой брат получил диплом … .
30. … — самый тёплый месяц.
   А) июль
   Б) десятого июля
   В) десятое июля

31. Моя подруга живёт … .
32. … — страна с интересными традициями.
33. Скоро она поедет … .
   А) Индия
   Б) в Индию
   В) в Индии

34. Давай встретимся … на станции метро.
35. Я ждал друга почти … .
36. Автобус ушёл … .
   А) два часа
   Б) через два часа
   В) два часа назад

37. Каникулы начнутся … .
38. Каникулы продолжаются … .
39. Каникулы начались … .
   А) неделю назад
   Б) через неделю
   В) неделю

40. Мы начнём изучать испанский язык … .
41. Мы уже … изучаем испанский язык.
42. … мы начали изучать испанский язык.

А) год
Б) в прошлом году
В) через год

43. Положите, пожалуйста, учебник … .
44. Учебник лежит … .
45. Мой … стоит у окна.
46. Друг забыл ключи … .

А) на письменном столе
Б) на письменный стол
В) письменный стол

47. Вы давно знаете … ?
48. Да, … работает здесь уже пять лет.
49. … 42 года.
50. Мне очень нравится разговаривать … .

А) наш преподаватель
Б) нашего преподавателя
В) с нашим преподавателем
Г) нашему преподавателю

51. Это моя … .
52. Я хочу подарить книгу … .
53. Я очень люблю … .
54. Вчера мы были … .

А) у русской подруги
Б) русская подруга
В) русской подруге
Г) русскую подругу

55. В четверг Игорь поедет … .
56. Вчера Аня встретилась … .
57. Я должен позвонить … .
58. Эта картина — подарок моего … .

А) школьному другу
Б) к школьному другу
В) школьного друга
Г) со школьным другом

59. Сегодня очень … .
60. Климат на севере … .
61. Мне … .
62. В этом году зима очень … .

А) холодный
Б) холодная
В) холодно
Г) холодное

63. Родители пишут ... о своей жизни.
64. ... не было на экскурсии.

А) он
Б) ему
В) его
Г) о нём

65. В нашем доме очень много ... .
66. Недавно отец купил ещё одну ... .
67. Все ... очень красивые.
68. Эта ... находится в Эрмитаже.

А) картина
Б) картин
В) картины
Г) картину

69. Эту статью написали три ... .
70. Сколько ... работает в этой редакции?
71. На конференцию приехали ... .
72. Спортсмены встретились ... .

А) журналистов
Б) журналиста
В) журналисты
Г) с журналистами

73. Скажите, пожалуйста, как называется ... улица?
74. Сколько стоят ... открытки?
75. Я хочу купить ... костюм.

А) это
Б) этот
В) эта
Г) эти

76. В Петербурге редко бывает ... погода.
77. Наши студенты уже ... говорят по-русски.
78. Этот словарь очень ... .
79. Мы купили ... учебники.

А) хороший
Б) хорошие
В) хорошая
Г) хорошо

80. Сегодня на уроке мы слушали рассказ ... .
81. В университет приехали ... .
82. Студенты встретились ... .

А) известные учёные
Б) об известных учёных
В) известным учёным
Г) с известными учёными

83. Анвар рассказал нам … . А) свои друзья
84. Я очень люблю делать подарки … . Б) к своим друзьям
85. Мы часто ходим в гости … . В) своим друзьям
　　　　　　　　　　　　　　　　Г) о своих друзьях

86. Я хочу купить … . А) эта машина
87. Раньше у нас не было … . Б) на этой машине
88. Я поеду в Москву … . В) эту машину
　　　　　　　　　　　　　Г) этой машины

89. Сейчас мой брат живёт … . А) Новгород
90. Через неделю я тоже поеду … . Б) из Новгорода
91. … — старинный русский город. В) в Новгороде
　　　　　　　　　　　　　　　　　Г) в Новгород

III ЧАСТЬ

Выберите правильный вариант.

92. Я мечтаю … в институт. А) поступить
93. Через год я … в университет. Б) буду поступать
　　　　　　　　　　　　　　　В) поступал

94. Извините, можно … ? А) звонить
95. После уроков я … домой. Б) позвонить
　　　　　　　　　　　　　В) позвоню

96. Завтра они … оперу. А) слушать
97. Вчера мы … передачу об Индии. Б) будут слушать
　　　　　　　　　　　　　　　　В) слушали

98. Сегодня я … эту красивую девушку у театра. А) встречался
　　　　　　　　　　　　　　　　　　　　　　Б) встретился
　　　　　　　　　　　　　　　　　　　　　　В) встретил

99. Друзья договорились ... на станции метро в воскресенье.

А) встречаться
Б) встретиться
В) встретимся

100. Вы уже ... задачи?
101. Антон хорошо ... задачи.
102. Вам нужно ... пять задач.

А) решить
Б) решили
В) решает

103. Я не могла ... его имя.
104. Он долго ... номер телефона.
105. Ты, наконец, ... , как называется эта книга?

А) вспоминал
Б) вспомнил
В) вспомнить

106. Врач ... из кабинета в коридор.
107. Его нет на работе, он уже ... домой.
108. Преподаватель ... в аудиторию.

А) ушёл
Б) вошёл
В) вышел

109. Радж каждое лето ... в Индию.
110. В этом году он не сможет ... домой.

А) ездить
Б) ездит
В) поехать

111. Ты часто ... по лесу?

А) идёшь
Б) ходишь

112. Поль и его друзья часто ... в театр.
113. Сегодня они ... в театр.

А) идут
Б) ходят

114. В следующем году они ... в спортзал.

А) идти
Б) будут ходить

115. До Павловска мы ... на автобусе.
116. В Москву мы ... целую ночь.
117. Целый день туристы ... по городу пешком.

А) ходили
Б) ехали
В) ходить

118. Завтра я ... на работу. А) поеду
119. Каждый день я ... в университет. Б) езжу
120. Через год я ... в Италию.

121. Каждый день он ... в институт. А) идёт
122. Сейчас он ... в библиотеку. Б) ходит

123. Сегодня мы ... в музей. А) едем
124. Каждое лето мы ... на юг. Б) ездим

125. Мой друг ... домой на каникулы. А) уехали
126. Моих друзей нет дома, они ... на дачу. Б) приехали
127. Вчера к нам ... гости. В) поедет

128. Туристы ... к памятнику А.С. Пушкину. А) подошли
129. В библиотеку мы ... пешком. Б) шли
130. Мы долго ... по этому проспекту.

131. Вы не знаете, ... зовут этого студента? А) откуда
132. Антон, ... тебе подарили родители? Б) как
133. Ты знаешь, ... приехали эти студенты? В) что

134. Расскажи, ... ты встретил в филармонии. А) кто
135. Расскажи, ... ты встретился вчера. Б) кого
136. Скажи, пожалуйста, ... был с тобой в цирке? В) с кем

137. Скажи, пожалуйста, ... ты положил цветы?
138. Скажите, пожалуйста, ... стоит рубашка?
139. Скажите, ... вы приехали в Россию?

А) куда
Б) когда
В) сколько

140. Расскажите, пожалуйста, ... вы любите ездить летом.
141. Луи сказал, ... надо уже идти домой.
142. Скажите, пожалуйста, Вы знаете, ... он живёт?

А) что
Б) где
В) куда

143. Друг спросил, ... было на консультации.
144. ... времени вы читали этот текст?

А) что
Б) сколько
В) где

145. Я не пойду на дискотеку, ... мне нужно заниматься.
146. Скоро у нас будет экзамен, ... я должен повторить грамматику.
147. Вчера мы не ходили гулять, ... была плохая погода.
148. Сегодня я ещё не обедал, ... я хочу есть.

А) поэтому
Б) потому что

149. Мы ещё не знаем, ... мы будем делать завтра.
150. Мама попросила Андрея, ... он купил продукты.
151. Вы хотите, ... я помог Вам?
152. Я думаю, ... Марина хорошая студентка.

А) что
Б) чтобы

153. Расскажи нам, ... увлекается твой брат.
154. Ты не знаешь, ... он говорил?
155. Андрей знал, ... помочь другу.
156. Наташа спросила, ... он написал родителям.

А) о чём
Б) чем

157. Я знаю студента, ... учился в Англии.
158. Где письмо, ... я положил на стол?
159. Вы знаете девушку, ... недавно приехала из Финляндии?
160. Мы были в магазинах, ... находятся на Невском проспекте.

А) которые
Б) который
В) которая
Г) которое

Тест 4. Лексико-грамматический тест

Выберите правильный вариант.

1. Я часто хожу ... .
2. ... находится на 5-ом этаже.
3. Вчера я тоже был ... .
4. Я вернулся домой ... в 6 часов.

А) библиотека
Б) в библиотеку
В) в библиотеке
Г) библиотеки
Д) из библиотеки

5. Мой отец — ... .
6. Я тоже хочу стать ... .
7. Мне нравится профессия ... .
8. ... нужно много знать.

А) инженера
Б) с инженером
В) инженер
Г) инженером
Д) инженеру

9. Я давно не видела … .
10. Вчера я позвонила … .
11. Я люблю разговаривать … .
12. Скоро я поеду … .

А) сестра
Б) сестре
В) сестру
Г) к сестре
Д) с сестрой

13. Мой друг приехал … .
14. Раньше он жил … .
15. Он хорошо знает столицу … .
16. Он любит рассказывать … .

А) Китай
Б) из Китая
В) в Китае
Г) Китая
Д) о Китае

17. У меня нет … .
18. Я хочу купить … .
19. Я писал упражнение … .
20. У меня есть … .

А) новую тетрадь
Б) новой тетради
В) новая тетрадь
Г) в новой тетради

21. Антон — студент … .
22. Он поступил … в этом году.
23. Его брат тоже учится … .
24. Я окончил … в прошлом году.

А) инженерный факультет
Б) инженерного факультета
В) на инженерном факультете
Г) на инженерный факультет

25. Я изучаю … уже 4 месяца.
26. Мы уже немного знаем грамматику … .
27. Мы занимаемся … очень серьёзно.
28. Скоро у нас будет экзамен … .

А) по русскому языку
Б) русским языком
В) русского языка
Г) русский язык

29. В моем журнале есть … .   А) этой статьи
30. Я ещё не прочитал … .   Б) эта статья
31. Мой друг говорил мне … .   В) эту статью
32. У меня нет … .   Г) об этой статье

33. Виктор получил письмо от … .   А) младший брат
                                      Б) младшего брата
                                      В) младшему брату

34. Вчера мы ходили на … .   А) выставку
                                      Б) выставке
                                      В) выставка

35. Вчера мы были на … .   А) урок
                                      Б) уроке
                                      В) урока

36. У … есть словарь.   А) моей подруге
                                      Б) моя подруга
                                      В) моей подруги

37. Наша экскурсия была в … .   А) субботу
                                      Б) суббота
                                      В) субботы

38. Вечером Виктор ходил к … .   А) друга
                                      Б) друг
                                      В) другу

39. Это мой брат. Сейчас … живёт   А) о нём
    в Киеве.   Б) ему
40. Я давно не видел … .   В) он
41. Я часто пишу … письма.   Г) его

42. Это моя сестра. ... зовут Мария. A) у неё
43. ... двадцать три года. Б) ей
44. ... есть сын. В) её
    Г) она

45. ... есть друг. А) ко мне
46. Завтра он придёт ... . Б) у меня
47. Он будет показывать ... новые В) мне
    фотографии. Г) меня

48. — ... ты идёшь? — В театр. А) кто
49. — ... тебя пригласил? — Виктор. Б) куда
50. — ... он ещё пригласил? — Бориса. В) где
51. — ... находится этот театр? Г) кого
    — В центре города.

52. — ... вы сейчас ждёте? — Виктора. А) что
53. — ... он? — В библиотеке. Б) куда
54. — ... он хочет взять? — Словарь. В) кого
55. — ... вы пойдёте потом? — На урок. Г) где

56. Писатель начал ... этот роман А) писал
    в 2000 году. Б) написал
57. Он ... его 5 лет. В) писать
58. В прошлом году он ... этот роман. Г) написать

59. Мы любим ... задачи. А) решали
60. Сегодня мы весь урок ... задачи. Б) решили
61. Мы ... 5 задач. В) решать
    Г) решить

62. Анна уже ... 2 билета в театр. А) купить
63. Ей нужно ... ещё 2 билета на концерт. Б) купит
64. Завтра она ... эти билеты. В) купила
    Г) покупает

65. Давид хочет ... русский язык.
66. Он хочет ... на филологическом факультете.
67. Сейчас он много ... .
68. Он ... грамматику и новые слова.

А) учиться
Б) изучать
В) занимается
Г) учит

69. Виктор каждую среду ... в бассейн.
70. Вчера он тоже ... в бассейн.
71. Завтра он ... в спортивный зал.

А) пойдёт
Б) идёт
В) ходил
Г) ходит

72. Мой брат учится в школе, ... находится на нашей улице.
73. Мы должны выучить все глаголы, ... мы писали на уроке.
74. Я не знаю слово, ... вы сейчас сказали.
75. Я познакомился со студентом, ... приехал из Перу.

А) который
Б) которое
В) которая
Г) которые

76. Анна много занимается, ... она хорошо читает по-русски.
77. Я не буду играть в футбол, ... у меня болит нога.

А) потому что
Б) поэтому

78. Я спросил друга, ... он ходил вчера.
79. Он ответил, ... был вчера у врача.
80. Антон поступил в институт, ... стать инженером.

А) где
Б) куда
В) что
Г) чтобы

Тест 5. Лексико-грамматический тест

Выберите правильный вариант.

1. Моего брата зовут ... .
2. Зимой ... будет 20 лет.
3. Я старше ... на 5 лет.
4. Я всегда помогаю ... .

А) Антону
Б) Антон
В) Антона

5. Сегодня мне позвонила ... .
6. Я познакомилась ... в институте.
7. ... есть брат.
8. Брат ... уже работает.

А) Анны
Б) Анна
В) с Анной
Г) у Анны

9. Мой друг уехал из Петербурга ... .
10. Сейчас он работает ... .
11. Ему очень нравится ... .
12. Он уже хорошо знает ... .
13. Недавно я получил от него письмо ... .

А) Одесса
Б) в Одессе
В) из Одессы
Г) в Одессу
Д) Одессу

14. Отец Игоря — ... .
15. Игорь тоже хочет стать ... .
16. ... нужно многое знать и уметь.
17. Профессия ... трудная, но интересная.
18. ... всегда интересно разговаривать.

А) журналисту
Б) журналиста
В) журналист
Г) журналистом
Д) с журналистом

19. Вчера я был в музее ... .
20. ... очень понравилась выставка.
21. Сейчас ... есть свободное время.
22. Сегодня я опять пригласил ... на выставку.
23. Я люблю ходить на выставки ... .

А) сестру
Б) сестра
В) с сестрой
Г) сестре
Д) у сестры

24. В новой школе работает много … .   А) учителя
25. Я написал письмо … .   Б) учителю
26. В третьем классе работает 4 … .   В) учителей
27. В пятом классе работает 10 … .

28. Вчера Нина позвонила … .   А) подруга
29. Она любит разговаривать … .   Б) подруге
30. Она давно не видела … .   В) подругу
31. Скоро она поедет … в гости.   Г) к подруге
   Д) с подругой

32. Моя подруга работает … .   А) переводчице
33. Она сама выбрала профессию … .   Б) переводчица
34. Ей нравится профессия … .   В) переводчицы
35. … нужно прекрасно знать язык.   Г) переводчицей

36. Вчера студенты ходили на … .   А) экскурсии
   Б) экскурсию
   В) экскурсия

37. Собрание было в … .   А) среда
   Б) среде
   В) среду

38. Ещё в школе Антон хотел поступить … .   А) педагогического института
39. Недавно он окончил … .   Б) в педагогическом институте
40. После окончания … он начал работать в школе.   В) педагогический институт
   Г) в педагогический институт

41. В школе брату нравилось изучать ... .
42. Он ежедневно занимался ... .
43. Недавно он сдал экзамен ... .

А) по английскому языку
Б) английским языком
В) английский язык
Г) английского языка

44. В прошлом году мы учились вместе ... .
45. Теперь я редко вижу ... .
46. Вчера я позвонила ... .
47. Я пригласила ... в гости.

А) к моей лучшей подруге
Б) с моей лучшей подругой
В) мою лучшую подругу
Г) моей лучшей подруге

48. ... — иностранный студент.
49. ... трудно слушать лекции на русском языке.
50. Я часто занимаюсь ... .

А) с моим новым другом
Б) мой новый друг
В) моему новому другу
Г) моего нового друга

51. Лена учится в университете. ... будущий историк.
52. Я познакомилась ... в библиотеке.
53. Я часто встречаю ... там.
54. Мне нравится встречаться ... .

А) её
Б) она
В) с ней

55. — ... вы хорошо знаете на факультете? — Ивана Петровича.
56. — ... он преподаёт? — Историю.
57. — ... он рассказывал на последней лекции? — О реформах Петра Первого.
58. — ... вы будете делать в субботу? — Пойдём на экскурсию.

А) о ком
Б) о чём
В) кого
Г) что

59. — ... это фотография?
    — Моей сестры.
60. — ... она учится?
    — В университете.
61. — ... она изучает?
    — Английский язык.
62. — ... она хочет стать?
    — Переводчицей.

А) где
Б) кем
В) чья
Г) что

63. Мой друг ... неделю назад.
64. Он часто ... .

А) болеть
Б) болеет
В) заболеть
Г) заболел

65. Урок ... 10 минут назад.
66. Студент ещё не ... писать контрольную работу.
67. Когда он ... работу, он отдал тетрадь преподавателю.

А) кончил
Б) кончал
В) кончился
Г) кончался

68. Я часто ... книги в библиотеке.
69. Вчера я ... там большой словарь.
70. Завтра мне нужно ... в библиотеке учебник.

А) взять
Б) взял
В) беру
Г) брать

71. Сестра всегда ... летом к родителям.
72. Раньше брат тоже часто ... на каникулы домой.
73. В прошлом году он ... только в конце августа.
74. Он написал нам, что в этом году он обязательно ... .

А) приезжал
Б) приедет
В) приехал
Г) приезжает

75. Когда я ... в университет, я сдавал 3 экзамена.
76. Я хорошо сдал экзамены и ... в университет.
77. Сейчас мой брат сдаёт экзамены, потому что он ... в военное училище.
78. Я думаю, что он обязательно ... туда.

А) поступил
Б) поступит
В) поступал
Г) поступает

79. В прошлом году я часто ... с подругой.
80. В этом году я редко ... её.
81. Я хотела бы чаще ... с ней.

А) встречаться
Б) встречалась
В) встречать
Г) встречаю

82. Я давно хотел ... с этим человеком.
83. Я просил друзей, чтобы они ... меня с ним.
84. Друзья обещали ... нас.

А) познакомить
Б) познакомиться
В) познакомились
Г) познакомили

85. Сейчас я редко ... друга.
86. Последний раз я ... его месяц назад.
87. Когда я ... друга, я очень обрадовался.

А) видел
Б) вижу
В) увижу
Г) увидел

88. В прошлом году мой друг ... .
89. Я тоже хочу ... .
90. Я буду работать в поликлинике, когда я ... .

А) стать врачом
Б) стану врачом
В) стал врачом

91. Анна ... на восточном факультете.
92. Она ... турецкий язык.
93. Каждый день она ... новые слова.
94. Она часто ... в лингафонном кабинете.

А) изучает
Б) учится
В) занимается
Г) учит

95. Саша и Игорь ... в девятом классе.
96. Ученики девятого класса ... информатику.
97. Друзья часто ... в компьютерном классе.
98. Они всегда ... уроки вместе.

А) учат
Б) учатся
В) изучают
Г) занимаются

99. Когда он переведёт текст, ...

А) он даёт мне словарь
Б) он даст мне словарь
В) он дал мне словарь

100. Если друг пришлёт телеграмму, ...

А) я встречаю его на вокзале
Б) я встретил его на вокзале
В) я встречу его на вокзале

Тест 6. Лексико-грамматический тест

Выберите правильный вариант.

1. ... большие музыкальные способности.
2. ... нравится серьёзная музыка.
3. Мы часто встречаемся ... в филармонии.
4. Вчера я опять встретил ... там.
5. Я купил ... билет на концерт.

А) с Ниной
Б) Нину
В) у Нины
Г) Нине
Д) Нина

6. Моя подруга — ... .
7. Ещё в школе она мечтала стать ... .
8. Ей очень нравится профессия ... .
9. Туристы всегда внимательно слушают ... .
10. Им интересно ходить по музею ... .

А) экскурсовода
Б) экскурсоводом
В) экскурсовод
Г) с экскурсоводом
Д) экскурсоводу

11. У меня много ... .
12. Многие ... учатся в Петербурге.
13. Двое ... — студенты СПбГПУ.
14. Пятеро ... поступили в другие вузы.
15. Самый близкий ... учится на родине.

А) друзья
Б) друга
В) друзей
Г) друг

16. Студенческий вечер был 19-ого ... .
17. ... мы уже могли немного говорить по-русски.
18. ... — последний месяц осени.
19. ... часто шёл дождь.

А) ноябрь
Б) в ноябре
В) ноября

20. На уроке преподаватель рассказывал нам ... .
21. Раньше он часто ездил из Петербурга ... .
22. Мы мечтали увидеть ... своими глазами.
23. Мы рады, что познакомились ... .
24. Вчера мы приехали в Петербург ... .

А) Киев
Б) с Киевом
В) о Киеве
Г) в Киев
Д) из Киева

25. Мой друг часто бывает ... .
26. Я тоже часто хожу ... .
27. ... находится на 4-ом этаже.
28. Вчера я поздно вернулся домой ... .

А) лаборатория
Б) в лабораторию
В) в лаборатории
Г) лаборатории
Д) из лаборатории

29. Я покупаю много … .   А) газет
30. Сегодня я прочитал 2 … .   Б) газеты
31. А моя подруга не любит читать … .   В) газета
32. На столе лежит её … .

33. Недавно студенты были на … .   А) концерт
                                                     Б) концерте
                                                     В) концерта

34. В … у нас была лекция.   А) пятница
                                                     Б) пятнице
                                                     В) пятницу

35. Ахмад — иностранец. Сейчас … изучает русский язык.   А) ему
36. … приехал из Сирии.   Б) он
37. Я знаю … уже полгода.   В) его
38. Иногда я объясняю … грамматику.   Г) с ним
39. Я люблю проводить свободное время … .

40. Вчера я ходил в больницу … .   А) о больном друге
41. Я был в больнице … .   Б) к больному другу
42. Преподаватель спросил меня … . В) у больного друга
                                                    Г) больной друг

43. Александровский парк находится недалеко … .   А) с Дворцовой площадью
44. Адмиралтейство тоже находится рядом … .   Б) Дворцовой площади
45. Туристский автобус остановился … .   В) от Дворцовой площади
                                                    Г) на Дворцовой площади

46. Мы любим ходить … .
47. Скоро в нашей библиотеке откроют … .
48. Мы познакомились с молодым поэтом … .
49. Вчера мы ходили … .

А) на книжную выставку
Б) книжную выставку
В) на книжной выставке
Г) на книжные выставки

50. — … работает твой старший брат?
— Преподавателем.
51. — … он начал работать?
— 10 лет назад.
52. — А … лет он учился в аспирантуре?
— 3 года.
53. — … он занимается в свободное время?
— Спортом и музыкой.

А) когда
Б) сколько
В) чем
Г) кем

54. — … ты получил вчера письмо?
— От сестры.
55. — … она будет жить летом?
— У бабушки.
56. — А … ты поедешь?
— Тоже к бабушке.
57. — … живёт ваша бабушка?
— В деревне.

А) у кого
Б) к кому
В) где
Г) от кого

58. Раньше Максим никогда не … на занятия.
59. Теперь он живёт далеко от института и иногда … на лекции.
60. Вчера Максим … на лекцию на 5 минут.

А) опаздывает
Б) опаздывал
В) опоздал
Г) опоздает

61. Когда я учился в школе, я всегда хорошо ... экзамены.
62. Мой друг уже ... экзамен по русскому языку.
63. Я думаю, что я тоже смогу хорошо ... его.

А) сдавать
Б) сдавал
В) сдал
Г) сдать

64. Ахмад часто ... письма.
65. Особенно он любит ... письма от родителей.
66. Вчера он ... от них посылку.

А) получать
Б) получает
В) получить
Г) получил

67. Сейчас преподаватель ... тетради студентов.
68. Он начал ... их час назад.
69. Он уже ... 8 тетрадей.
70. Он должен ... ещё 2 тетради.

А) проверять
Б) проверяет
В) проверить
Г) проверил

71. Скоро мой брат ... .
72. Он с детства мечтал ... .
73. Раньше наш отец тоже ... .

А) был учителем
Б) будет учителем
В) быть учителем

74. Недавно я ... альбом «Русский музей».
75. Мой друг решил ... альбом «Эрмитаж».
76. Он часто ... книги по искусству.

А) покупать
Б) купил
В) покупает
Г) купить

77. Друг часто ... мне письма.
78. Он любит ... письма.
79. Недавно я ... ему длинное письмо.

А) писать
Б) написал
В) пишет
Г) написать

80. Брат попросил ... его на вокзале.   А) встретиться
81. Друзья решили ... в следующую   Б) встретить
    субботу.

82. Я умею ... на велосипеде.   А) идти
83. Но я больше люблю ... пешком.   Б) ехать
84. Моему другу нравится ... на метро. В) ходить
                                       Г) ездить

85. В следующее воскресенье я   А) ходил
    первый раз ... в Летний сад.   Б) буду ходить
86. Я ещё не ... в Летний сад.   В) пойду
87. Скоро каникулы. Я часто ... в музеи. Г) пошёл

88. Недавно мои друзья ... в Петро-   А) ехали
    дворец.   Б) ехать
89. Туда они ... на поезде, а обратно В) ездили
    на автобусе.   Г) ездить
90. Когда они ... домой, они говорили
    об экскурсии.

91. Анвар приехал в Россию, чтобы ... А) учиться
    русский язык.   Б) учится
92. Он давно хотел ... в этом универ- В) изучает
    ситете.   Г) изучать
93. На подготовительном факультете
    он ... вместе со своим другом.
94. Сейчас он ... не только русский язык,
    но и другие предметы.

95. Моему другу нравится ... новые слова.
96. Он с удовольствием ... стихи.
97. Мы любим ... в библиотеке.
98. Скоро экзамен. Мой друг сейчас много ... .

А) заниматься
Б) занимается
В) учить
Г) учит

99. Когда я переводил текст, ...

А) я смотрю новые слова в словаре
Б) я смотрел новые слова в словаре
В) я посмотрю новые слова в словаре

100. Если Анна хорошо сдаст экзамены, ...

А) она поступает в университет
Б) она поступила в университет
В) она поступит в университет

Тест 7. Лексико-грамматический тест

Выберите правильный вариант.

1. Этого студента зовут ... .
2. Я хорошо знаю ... .
3. Я часто бываю ... .
4. Сегодня я позвоню ... .
5. Завтра я поеду ... .

А) к Максиму
Б) у Максима
В) Максим
Г) Максима
Д) Максиму

6. Недавно я получил письмо … .
7. Сегодня я написал ответ … .
8. Я давно не видел … .
9. Скоро я поеду … .
10. Всё лето я буду жить … .

А) у брата
Б) к брату
В) брату
Г) от брата
Д) брата

11. Раньше я не любил … .
12. Летом наша семья отдыхала … .
13. Рядом … находится красивое озеро.
14. Теперь мне очень нравится … .
15. Каждое лето я буду ездить … .

А) с деревней
Б) в деревню
В) в деревне
Г) деревню
Д) деревня

16. Этот журналист приехал … .
17. Он работал в столице … .
18. Он хорошо знает … .
19. Недавно он написал книгу … .

А) Вьетнам
Б) во Вьетнаме
В) Вьетнама
Г) из Вьетнама
Д) о Вьетнаме

20. Родители Ахмада живут … .
21. Летом Ахмад ездил … .
22. Он интересуется историей … .
23. Он интересно рассказывает … .

А) Сирия
Б) в Сирии
В) о Сирии
Г) в Сирию
Д) Сирии

24. Гагарин родился в 1934 … .
25. Он поступил в военное училище, когда ему был 21 … .
26. 12 апреля 1961 … он совершил полёт в космос.
27. В это время ему было 27 … .
28. Когда ему было 33 … , он окончил Военно-воздушную инженерную академию.

А) год
Б) года
В) году
Г) лет

29. Чьи это ... ?   А) писем
30. Вы часто получаете ... ?   Б) письма
31. Я получаю много ... .   В) письмо
32. Вчера я послал 5 ... .

33. В ... у нас будет зачёт.   А) субботу
                                           Б) суббота
                                           В) субботе

34. Утром мой друг ходил к ... .   А) врача
                                           Б) врач
                                           В) врачу

35. ... есть хорошая подруга.   А) я
36. ... познакомилась с ней ещё в   Б) меня
    школе.   В) у меня
37. Она старше ... на 2 года.   Г) мне
38. Она помогает ... изучать англий-
    ский язык.
39. ... нравится заниматься с ней.

40. Вчера я случайно встретил ... .   А) с моим старым това-
41. Раньше мы ... встречались   рищем
    каждый день.   Б) у моего старого това-
42. В этом году ... поступил в универ-   рища
    ситет.   В) моего старого това-
43. Теперь ... много новых друзей.   рища
                                           Г) мой старый товарищ

44. ... построили недавно.   А) в этом новом здании
45. Вчера мы осмотрели ... .   Б) в это новое здание
46. ... на 1-ом этаже работает аптека.   В) это новое здание
47. Я ещё не был ... .

48. — ... ты ходил вчера? — На выставку. А) с кем
49. — ... находится эта выставка? Б) куда
    — На Невском проспекте. В) кто
50. — ... ты ходил туда? — с Максимом. Г) где
51. — А ... ещё ходил на выставку?
    — Иван.

52. Я уже 2 часа ... упражнения. А) буду писать
53. Упражнений много, поэтому я ... Б) пишу
    их ещё час. В) напишу
54. Когда я ... упражнения, я проверю Г) написал
    их.

55. Я уже ... все задачи. А) решить
56. Я должен ... ещё несколько Б) решит
    уравнений. В) решил
57. Моему другу тоже нужно ... эти
    уравнения.
58. Я знаю, что он обязательно ... их.

59. В этом году мой друг начал ... в А) учиться
    Политехническом университете. Б) буду учиться
60. Сейчас он ... на первом курсе. В) учусь
61. Я тоже мечтал ... в Петербурге. Г) учится
62. Друг советовал мне ... в том же
    университете.
63. Скоро я ... на подготовительном
    факультете.

64. Этот собор ... 40 лет. А) строить
65. Его начали ... в 1818 году. Б) построить
66. Наконец в 1858 году его ... . В) строили
    Г) построили

67. Вера уже ... 4 открытки.
68. Ей нужно ... ещё 4 конверта.
69. Завтра она ... эти конверты.

А) купить
Б) купила
В) купит
Г) покупает

70. Вчера я весь вечер ... текст.
71. Когда я ... текст, я написал план.

А) перевёл
Б) переведу
В) переводил

72. Ему было трудно ... этот текст.

А) переводил
Б) переводит
В) переводить

73. Мне было интересно ... этот текст.

А) читал
Б) читаю
В) читать

74. — Здравствуйте! Куда вы ... ?
75. — На балет. Мы любим ... в театр.
76. — Да, я знаю, что вы часто ... в театр.

А) идёте
Б) идти
В) ходите
Г) ходить

77. Вчера он ... в театр.
78. Когда он ... в театр, он встретил меня.

А) идти
Б) шёл
В) ходить
Г) ходил

79. Я люблю ... в пригороды Петербурга.
80. В мае я несколько раз ... в Петродворец.
81. Летом я хочу ... в Новгород.

А) ездил
Б) поехать
В) ездить
Г) поехал

82. Я позавтракал и ... в центр.　　А) ехал
83. Этот иностранный студент ... в наш　Б) поехал
    город в прошлом году.　　　　　　В) приехал
84. Недавно он ... отсюда на родину.　Г) уехал

85. Антон каждую среду ...　　　　　А) идёт
    в компьютерный класс.　　　　　　Б) пойдёт
86. В прошлую среду он тоже ... туда.　В) ходил
87. Завтра он ... в лингафонный кабинет.　Г) ходит

88. Вчера я ... в центр.　　　　　　　А) ехал
89. Когда я ... в автобусе, я увидел　Б) ехать
    друга.　　　　　　　　　　　　　В) ездил
　　　　　　　　　　　　　　　　　　Г) ездить

90. Вчера я ... в филармонию.　　　　А) ходить
91. Мне нравится ... на концерты.　　Б) ходит
92. Сейчас мой друг редко ...　　　　В) ходил
    в филармонию.　　　　　　　　　　Г) пойдёт
93. Завтра он ... на концерт.

94. Студенту нужно купить ... .　　　А) кассета
　　　　　　　　　　　　　　　　　　Б) кассету

95. Мне нужен ... .
　　　　　　　　　　　　　　　　　　А) словарь
　　　　　　　　　　　　　　　　　　Б) тетрадь

96. Тебе нужна только ... .　　　　　А) одна марка
　　　　　　　　　　　　　　　　　　Б) одну марку

97. Антон окончил химический факультет, ... он прекрасно знает химию.
98. Ольга поступила на исторический факультет, ... она любит историю.

А) потому что
Б) поэтому

99. Мои родители хотят, ... я стал экономистом.
100. Я сказал родителям, ... мечтаю стать артистом.

А) что
Б) чтобы

I СЕРТИФИКАЦИОННЫЙ УРОВЕНЬ

Тест 1. Падежи
(Единственное число)

Выберите правильный вариант.

1. У Антона есть … .
2. Он очень любит … .
3. Антон купил книгу … .

А) с младшей сестрой
Б) младшей сестре
В) младшую сестру
Г) младшая сестра

4. Мой друг рассказал мне … .
5. … находится в Москве.
6. Я никогда не был … .

А) в Большом театре
Б) Большой театр
В) о Большом театре
Г) Большому театру

7. Мои друзья играют в баскетбол … .
8. Рабочие строят … .
9. Кто ходил … ?

А) в спортивный зал
Б) от спортивного зала
В) в спортивном зале
Г) спортивный зал

10. Мой друг учится … .
11. Я тоже хочу поступить … .
12. На этой улице находится … .

А) Медицинскую академию
Б) в Медицинской академии
В) в Медицинскую академию
Г) Медицинская академия

13. Мария хочет стать … .
14. Мой сын пойдёт … .
15. Эта статья рассказывает … .

А) о детском враче
Б) детским врачом
В) к детскому врачу
Г) у детского врача

16. Моей сестре нравится … .
17. Завтра будет лекция … .
18. Он интересуется … .

А) французской литературы
Б) французской литературой
В) по французской литературе
Г) французская литература

19. Джон купил … .
20. У меня нет … .
21. Я хочу прочитать статью … .

А) сегодняшней газеты
Б) сегодняшняя газета
В) в сегодняшней газете
Г) сегодняшнюю газету

22. В моём журнале нет … .
23. Мне нужна … .
24. … написал мой друг.

А) эту статью
Б) этой статье
В) эта статья
Г) этой статьи

25. Виктор поступил … .
26. Никита — студент … .
27. … учится много студентов.

А) на физическом факультете
Б) физический факультет
В) физического факультета
Г) на физический факультет

28. Мы часто бываем … .
29. Здание … находится в центре города.
30. … 100 лет.

А) национальному музею
Б) в национальный музей
В) в национальном музее
Г) национального музея

31. Мы были на концерте … .
32. Друзья познакомились … .
33. Они поздравили … с днём рождения.

А) известной певице
Б) известную певицу
В) известной певицы
Г) с известной певицей

34. Этот магазин находится … .
35. Я живу рядом … .
36. … — это самый длинный проспект в городе.

А) Московского проспекта
Б) Московский проспект
В) на Московском проспекте
Г) с Московским проспектом

37. Где находится … ?
38. Я всегда беру книги … .
39. Здание … построено недавно.

А) в городскую библиотеку
Б) городской библиотеки
В) городская библиотека
Г) в городской библиотеке

40. В нашей библиотеке есть … .
41. … занимается много студентов.
42. Ты ходил вчера … ?

А) в читальный зал
Б) читального зала
В) в читальном зале
Г) читальный зал

43. Виктор часто звонит … .
44. У тебя есть … ?
45. Я получил письмо … .

А) старшему брату
Б) от старшего брата
В) старший брат
Г) старшего брата

46. Недавно мы ходили … .
47. … много красивых скульптур.
48. Я советую тебе пойти … .
49. Мне нравится … .

А) в Летнем саду
Б) в Летний сад
В) Летний сад

50. Мой друг приехал … .
51. Раньше он жил … .
52. Он рассказал мне … .
53. … нет метро.

А) в маленьком городе
Б) из маленького города
В) о маленьком городе

54. Андрей ждёт … .
55. Он познакомился … недавно.
56. … взял словарь в библиотеке.
57. Вчера на уроке не было … .

А) с новым студентом
Б) нового студента
В) новый студент

58. … заболела.
59. … высокая температура.
60. Я дала лекарство … .
61. Я была вчера … .

А) моей подруге
Б) у моей подруги
В) моя подруга

62. Мне надо купить … .
63. Я пишу правило … .
64. Дай, пожалуйста, … .
65. У меня нет … .

А) красной ручкой
Б) красной ручки
В) красную ручку

66. Вчера мы ходили … .
67. Ты уже был … ?
68. В центре … находится фонтан.
69. Друзья пригласили меня … .

А) в городском парке
Б) в городской парк
В) городского парка

70. ... — самый короткий месяц года.
71. Мы поедем в Москву ... .
72. Мой день рождения — 23 ... .
73. ... было холодно.

А) февраль
Б) в феврале
В) февраля

74. Этот театр построили ... .

А) прошлый год
Б) прошлого года
В) в прошлом году

75. Выставка откроется ... .

А) в следующем месяце
Б) следующий месяц
В) следующего месяца

76. Метро появилось ... .

А) двадцатый век
Б) в двадцатом веке
В) двадцатого века

77. Лекция началась ... .
78. Перерыв продолжается ... .
79. Лекция кончится ... .
80. Преподаватель ... объяснял новые глаголы.

А) через 15 минут
Б) 15 минут назад
В) 15 минут

81. Мне очень нравится ... .
82. Новый кинотеатр открылся ... .
83. Мой друг живёт рядом ... .
84. ... — это главный проспект города.

А) Невский проспект
Б) на Невском проспекте
В) с Невским проспектом

85. Скоро у меня будет экзамен ... .

А) русский язык
Б) по русскому языку
В) русского языка

86. Мой друг интересуется … .

А) современное искусство
Б) современным искусством
В) современного искусства

87. Виктор позвонил … .

А) к своему другу
Б) со своим другом
В) своему другу

88. Мария часто спорит … .

А) младшей сестре
Б) младшую сестру
В) с младшей сестрой

89. Этот студент приехал из … .
90. Я люблю … .
91. Скоро я поеду … .

А) мою родную страну
Б) моей родной страны
В) в мою родную страну
Г) о моей родной стране

92. Мы живём … .
93. Здание … построили недавно.
94. Спортзал находится недалеко … .

А) студенческое общежитие
Б) от студенческого общежития
В) в студенческом общежитии
Г) студенческого общежития

95. На выставке мы познакомились … .
96. Нам понравились картины … .
97. Школьники подарили книгу … .

А) молодого художника
Б) молодому художнику
В) с молодым художником
Г) к молодому художнику

98. Студенты поздоровались … .
99. … объясняет нам грамматику.
100. Мы встретили … в библиотеке.

А) новый преподаватель
Б) новому преподавателю
В) с новым преподавателем
Г) нового преподавателя

Тест 2. Падежи (Множественное число)

Выберите правильный вариант.

1. В нашей библиотеке много … .
2. Вчера я купил … .
3. Друзья говорили … .

А) интересные книги
Б) интересными книгами
В) интересных книг
Г) об интересных книгах

4. Я часто пишу письма … .
5. … есть дом в деревне.
6. Летом я поеду … .

А) родители
Б) родителям
В) у родителей
Г) к родителям

7. В нашем университете работают … .
8. Мы часто встречаемся … .
9. Газеты часто пишут … .

А) с известными учёными
Б) известные учёные
В) об известных учёных
Г) известным учёным

10. Летом студенты сдают … .
11. У нас будет 3 … .
12. Мы готовимся … .

А) экзаменов
Б) к экзаменам
В) экзамены
Г) экзамена

13. В этом городе много … .
14. Мне нравятся … .
15. Музеи находятся … .

А) в старинных зданиях
Б) старинных зданий
В) старинным зданиям
Г) старинные здания

16. Я не знаю расписания … .
17. Студенты идут … .
18. … мы решаем трудные задачи.

А) занятия
Б) на занятиях
В) на занятия
Г) занятий

19. В Финляндии много … .
20. … много рыбы.
21. Недалеко от Петербурга есть красивые … .

А) озёра
Б) озёр
В) в озёрах
Г) озёрами

22. Андрей подарил книги … .
23. У меня нет … .
24. Мария часто спорит … .

А) младшие сёстры
Б) с младшими сёстрами
В) младших сестёр
Г) младшим сёстрам

25. В Петербурге много … .
26. Я люблю гулять … .
27. В моём городе тоже есть … .

А) по красивым улицам
Б) красивые улицы
В) красивых улиц
Г) красивым улицам

28. Мама читает книгу … .
29. Я фотографирую … .
30. В парке гуляют … .

А) маленькие дети
Б) маленьким детям
В) маленьких детей
Г) маленькими детьми

31. Россия богата … .
32. В Сибири много … .
33. Какие … добывают в вашей стране?

А) полезные ископаемые
Б) полезными ископаемыми
В) полезных ископаемых
Г) с полезными ископаемыми

34. В Сибири много … .
35. Лена, Енисей являются … .
36. Учитель географии рассказал … .

А) большими реками
Б) большие реки
В) о больших реках
Г) больших рек

37. В университете несколько … .
38. Университету нужны … .
39. Студенты занимаются … .

А) научные лаборатории
Б) в научные лаборатории
В) в научных лабораториях
Г) научных лабораторий

40. У студентов были … .
41. Друзья встретились после … .
42. Анна написала подруге … .

А) зимних каникул
Б) зимние каникулы
В) о зимних каникулах
Г) зимними каникулами

43. Мне нравится музыка … .
44. Я много читал … .
45. В Петербурге есть памятники … .

А) русские композиторы
Б) русских композиторов
В) русским композиторам
Г) о русских композиторах

46. Я пригласил в гости … .
47. Вчера я был в гостях … .
48. Завтра ко мне придут … .

А) мои друзья
Б) моих друзей
В) моим друзьям
Г) у моих друзей

49. Анне нравятся … .
50. Она много занимается … .
51. Она будет преподавателем … .

А) иностранных языков
Б) иностранные языки
В) иностранными языками
Г) об иностранных языках

52. Я получаю письма … .
53. Мои друзья будут … .
54. Мы подарили цветы … .

А) школьным учителям
Б) от школьных учителей
В) к школьным учителям
Г) школьными учителями

55. Борис встретил в клубе … .
56. В какой группе учатся … ?
57. Преподаватель объясняет урок … .

А) эти студентки
Б) этих студенток
В) этим студенткам
Г) с этими студентками

58. Мы мечтаем стать … .
59. На этом заводе много … .
60. Мы познакомились … .

А) хороших специалистов
Б) хорошими специалистами
В) хорошие специалисты
Г) с хорошими специалистами

61. В киоске продают … .
62. Я купил 5 … .
63. У тебя есть … ?
64. Я интересуюсь … .

А) новые журналы
Б) новыми журналами
В) новых журналов

65. В классе 20 … .
66. Многие … учатся хорошо.
67. Учитель здоровается … .
68. На столе лежат тетради … .

А) ученики
Б) учеников
В) с учениками

69. В Москву приезжает много … .
70. Экскурсовод рассказал … о столице.
71. … интересовались музеями города.
72. … понравилась экскурсия.

А) иностранные туристы
Б) иностранным туристам
В) иностранных туристов

73. Пётр I пригласил в Петербург … .
74. Дворцы Петербурга построены … .
75. На уроке мы узнали … .
76. В книге есть фотографии … .

А) об известных архитекторах
Б) известных архитекторов
В) известными архитекторами

77. В нашем городе есть … .
78. Новые дома строят … .
79. Туристам нравятся … .
80. Мы любим гулять … .

А) широкие проспекты
Б) по широким проспектам
В) на широких проспектах

81. В библиотеке несколько … .
82. Студенты занимаются … .
83. Мои друзья ходят … .
84. … есть иностранные газеты и журналы.

А) в читальные залы
Б) в читальных залах
В) читальных залов

85. В Сибири много … .
86. Эти инженеры поедут работать … .
87. Метро строят только … .
88. Преподаватель показал нам фотографии … .

А) в крупных городах
Б) в крупные города
В) крупных городов

89. Я хотел прочитать … .
90. На столе нет … .
91. Об этом писали все … .
92. Много интересных статей было … .

А) вчерашних газет
Б) во вчерашних газетах
В) вчерашние газеты

93. … нужно сдавать экзамен.
94. На лекции были … .
95. Скажите … об экскурсии.
96. Я знаю … нашего курса.

А) все студенты
Б) всех студентов
В) всем студентам

97. Россия граничит … .
98. Мои родители побывали … .
99. В университете учатся студенты … .
100. Россия имеет дипломатические отношения … .

А) из многих стран
Б) со многими странами
В) во многих странах

Тест 3. Падежи
(Единственное и множественное число)

Выберите правильный вариант.

1. В этом городе есть … .
2. Мы смотрели концерт артистов … .
3. Моя подруга работает … .

А) в музыкальный театр
Б) в музыкальном театре
В) музыкальный театр
Г) музыкального театра

4. Марии нравится … .
5. В театре был вечер … .
6. Я купил книгу … .

А) о классическом балете
Б) классический балет
В) классического балета
Г) классическим балетом

7. Дженни подружилась … .
8. В России Жан встретил много … .
9. Здесь работают … .

А) интересных людей
Б) с интересными людьми
В) интересным людям
Г) интересные люди

10. Анна заботится … .
11. У Игоря нет … .
12. Я часто спорю … .

А) младшего брата
Б) с младшим братом
В) о младшем брате
Г) у младшего брата

13. Мы были в магазине ... .
14. На втором этаже продаётся ... .
15. Она всегда покупает здесь ... .

А) детская одежда
Б) детскую одежду
В) детской одежды
Г) детской одеждой

16. В 14 часов начинается ... .
17. Виктор не был ... .
18. Завтра не будет ... .

А) последней лекции
Б) последнюю лекцию
В) последняя лекция
Г) на последней лекции

19. Сегодня у него ... .
20. Он серьёзно готовился ... .
21. Мы долго говорили ... .

А) трудного зачёта
Б) о трудном зачёте
В) трудный зачёт
Г) к трудному зачёту

22. Петербург создавался ... .
23. В этом городе работали ... .
24. Имена ... живут в названиях улиц.

А) замечательные архитекторы
Б) замечательных архитекторов
В) замечательным архитекторам
Г) замечательными архитекторами

25. Брат Бориса — ... .
26. Он всегда хотел стать ... .
27. Он дал мне фотографию ... .

А) школьного учителя
Б) школьному учителю
В) школьный учитель
Г) школьным учителем

28. Мы познакомились ... .
29. В спектакле участвовали ... .
30. Зрители подарили цветы ... .

А) известные артисты
Б) с известными артистами
В) от известных артистов
Г) известным артистам

31. Сложные операции делаются … .
32. В нашей больнице много … .
33. На конференции выступали … .

А) опытные врачи
Б) опытными врачами
В) опытных врачей
Г) к опытным врачам

34. Летом Хуан поедет … .
35. Он часто получает письма … .
36. Мой друг очень любит … .

А) у своих родителей
Б) к своим родителям
В) от своих родителей
Г) своих родителей

37. В Москве много … .
38. Мне нравятся … города.
39. Москвичи любят гулять … .

А) красивые парки
Б) в красивых парках
В) красивых парков
Г) красивым паркам

40. Экскурсовод познакомил … с музеем.
41. Карта города всегда нужна … .
42. Из автобуса вышли … .

А) туристы
Б) туристов
В) с туристами
Г) туристам

43. Люди должны охранять … .
44. Андрей любит читать рассказы … .
45. Летом мы проводим много времени … .

А) на природе
Б) о природе
В) у природы
Г) природу

46. До конца работы осталось … .
47. Футбольный матч кончится … .
48. Фильм продолжался … .
49. Отец вернулся домой … .

А) через 20 минут
Б) 20 минут
В) 20 минут назад

50. В соревнованиях участвовали … .
51. Тренер познакомил журналистов … .
52. В статье написали … .

А) с молодыми спортсменами
Б) молодых спортсменов
В) молодые спортсмены
Г) о молодых спортсменах

53. Музей откроется … .
   А) следующий год
   Б) в следующем году
   В) следующего года

54. … — первый месяц весны.
55. Сестра приедет ко мне … .
56. Конференция будет в конце … .
57. … 31 день.
   А) в марте
   Б) март
   В) марта

58. У моих родителей много … .
59. Завтра ко мне придут … .
60. Три … решили поехать в Новгород.
61. Сколько … Лора пригласила на концерт?
   А) друзей
   Б) друзья
   В) друга

62. Сколько … работает на этом заводе?
63. Сложные машины создают … .
64. Наш университет готовит … .
65. Эту статью написали два … .
   А) инженеры
   Б) инженера
   В) инженеров

66. Россия богата … .
   А) алмазов
   Б) алмазами
   В) алмаза

67. Пётр I интересовался … .
   А) техническим наукам
   Б) технических наук
   В) техническими науками

68. Этот концерт понравился … .
   А) все преподаватели
   Б) всем преподавателям
   В) всеми преподавателями

69. Студенты были в поликлинике … .
   А) разных врачей
   Б) разным врачам
   В) у разных врачей

70. Сколько … в вашем городе?
   А) университеты
   Б) университетов
   В) университетами

71. Россия занимает I место в мире … .
   А) запасы леса
   Б) запасов леса
   В) по запасам леса

72. Петербург расположен … .
   А) на берега Невы
   Б) на берегах Невы
   В) берега Невы

73. Мой друг увлекается … .
   А) разные виды спорта
   Б) разных видов спорта
   В) разными видами спорта

74. … были каникулы.
   А) у иностранных студентов
   Б) иностранные студенты
   В) иностранным студентам

75. Я встретил в центре города … .
   А) со своими друзьями
   Б) своих друзей
   В) у своих друзей

Тест 4. Глагол

Выберите правильный вариант.

1. Люди должны ... природу.
   А) берегут
   Б) беречь
   В) берегли

2. Я хочу ... гостей в субботу.
   А) приглашать
   Б) пригласил
   В) пригласить

3. Экскурсовод ... туристам город 3 часа.
   А) показывал
   Б) показал
   В) покажет

4. Лоре нужно ... с подругой сегодня в 10 часов.
   А) встретиться
   Б) встречаться
   В) встретятся

5. Раньше в этом магазине ... фрукты.
   А) продают
   Б) продали
   В) продавали

6. Виктор решил ... экономистом.
   А) стал
   Б) стать
   В) станет

7. Журналист ... Дженни за интервью и попрощался.
   А) поблагодарил
   Б) благодарил
   В) благодарит

8. Учитель ... с учениками 2 часа.
   А) беседовать
   Б) беседовал
   В) побеседовал

9. В детстве мой брат часто … .
А) болеет
Б) заболел
В) болел

10. Он обрадовался, когда … Дженни.
А) вижу
Б) видел
В) увидел

11. Артист … полтора часа.
А) выступал
Б) выступил
В) выступит

12. Мы должны … этот экзамен хорошо.
А) сдавать
Б) сдадим
В) сдать

13. Карин любит … животных.
А) фотографирует
Б) фотографировать
В) сфотографировал

14. Преподаватель не успел … диктант.
А) проверять
Б) проверяет
В) проверить

15. Жан начал … русский язык 2 месяца назад.
А) изучать
Б) изучает
В) изучал

16. По субботам они … в футбол.
А) поиграли
Б) играли
В) поиграть

17. Мария вошла в квартиру и … пальто.
А) сняла
Б) снимала
В) снимет

18. Вчера в клубе Иван ... с Ольгой.
А) знакомился
Б) познакомился
В) познакомиться

19. Дети не любят ... лекарства.
А) принимать
Б) принять
В) принимают

20. Завтра я обязательно ... письмо родителям и пошлю его.
А) пишу
Б) буду писать
В) напишу

21. Учёный ... новую теорию.
22. Композитор ... оперу 18 лет.
23. Кто ... эту модель?
А) создавал
Б) создал

24. Летом Борис всегда ... рано.
25. В воскресенье Антон ... в 8 часов.
26. Он ... и начал одеваться.
А) вставал
Б) встал

27. Мы ... эти слова полчаса.
28. Студенты ... стихи и пошли в кино.
29. Дети ... текст, а бабушка читала.
А) учили
Б) выучили

30. Андрей ... специальность долго.
31. Питер ... книгу и заплатил за неё.
32. Когда я ... цветы, Хуан ждал меня.
А) выбирал
Б) выбрал

33. Родители часто ... мне книги.
34. Мы ... артисту красивый букет.
35. В день рождения друзья ... Лейле картину.
А) дарили
Б) подарили

36. Моя сестра всегда ... книги в этой библиотеке.
37. Кристина ... словарь и начала переводить текст.
38. Анна ... зонт и вышла на улицу.

А) брала
Б) взяла

39. Прохожий быстро ... мне, где находится метро.
40. Раньше я часто ... брату задачи.
41. Преподаватель ... слова, и мы начали читать текст.

А) объяснял
Б) объяснил

42. Спортсмены ... на вопросы журналистов 2 часа.
43. В турфирме не ... на все наши вопросы.
44. Друзья всегда ... на мои письма.

А) отвечали
Б) ответили

45. Вчера Жан ... в театр.
46. Раньше он редко ... в спортзал.
47. Когда я ... на работу, я встретил Павла.

А) шёл
Б) ходил

48. В субботу мы ... в клуб.
49. Дети ... в лес 2 часа.
50. Когда мы ... в кино, начался дождь.

А) шли
Б) ходили

51. — Мария, ты уже ... в Эрмитаж?
52. Когда она ... на урок, она разговаривала с Мартой.
53. Эта студентка ... вчера к врачу.

А) шла
Б) ходила

54. — Ты всегда ... на дискотеку по субботам?
55. — Ты сейчас ... к Лене?
56. — Привет, Юра! Куда ты ...?

А) идёшь
Б) ходишь

57. Мальчик не умеет ... на велосипеде.
58. Пора ... домой, уже поздно.
59. Моя дочь любит ... на машине.

А) ехать
Б) ездить

60. Летом мои друзья ... на море.
61. Когда мы ... на стадион, мы говорили о футболе.
62. В январе родители ... в Австрию кататься на лыжах.

А) ехали
Б) ездили

63. Ира часто ... в Петергоф.
64. Сейчас машина ... быстро.
65. Куда ... Оля каждый год?

А) едет
Б) ездит

66. Мама идёт домой, она ... продукты.
67. Моника всегда ... с собой словарь.
68. Антон ... книги, потому что идёт в библиотеку.

А) несёт
Б) носит

69. Друг ... из Москвы красивые сувениры.
70. Отец пришёл из аптеки и ... лекарство.
71. Максим ... телевизор на машине.

А) принёс
Б) привёз

72. Сколько времени самолёт ... до Лондона?
73. Твой друг часто ... в Москву?
74. Сегодня Анна ... на родину.

А) летит
Б) летает

75. Сергей ... к нам в гости.
76. Он ... к двери и открыл её.
77. Отца нет дома, он ... на работу.

А) ушёл
Б) вошёл
В) подошёл
Г) пришёл

78. Вера ... улицу и остановилась.
79. Мама выключила телевизор и ... от него.
80. Лена ... к окну и закрыла его.

А) ушла
Б) подошла
В) отошла
Г) перешла

81. Машина ... к большому озеру.
82. По дороге на работу я ... к подруге.
83. Раньше она жила на окраине, а потом ... в центр.

А) переехала
Б) заехала
В) въехала
Г) подъехала

84. Мы ... на машине вокруг озера.
85. Мои родители ... все залы музея.

А) обошли
Б) объехали
В) уехали

Тест 5. Сложное предложение со словом «который»

Выберите правильный вариант.

1. Я встретил студента, ... учится в нашей группе.
2. Я встретил студента, ... мы познакомились в музее.
3. Я встретил студента, ... не было на уроке.

А) которому
Б) с которым
В) который
Г) которого

4. Я прочитал книгу, ... ты дал мне.
5. Я прочитал книгу, ... друг говорил мне.
6. Я прочитал книгу, ... есть рассказы о любви.

А) которая
Б) которую
В) в которой
Г) о которой

7. Это мой друг, ... я учился в школе.
8. Это мой друг, ... я часто пишу письма.
9. Это мой друг, ... я получил письмо.

А) к которому
Б) с которым
В) которому
Г) от которого

10. Я знаю писателя, ... выступал на вечере.
11. Я знаю писателя, ... вы пригласили на встречу.
12. Я знаю писателя, ... Виктор показал свои рассказы.

А) которому
Б) который
В) которого
Г) у которого

13. Анна была у подруги, ... живёт в общежитии.
14. Анна была у подруги, ... она давно не видела.
15. Анна была у подруги, ... она дружит давно.

А) с которой
Б) которую
В) у которой
Г) которая

16. Виктор купил словарь, ... 30 тысяч слов.
17. Виктор купил словарь, ... стоит 150 рублей.
18. Виктор купил словарь, ... говорил преподаватель.

А) который
Б) в котором
В) которого
Г) о котором

19. У меня есть брат, ... живет в Москве.
20. У меня есть брат, ... я очень люблю.
21. У меня есть брат, ... мы часто играем в шахматы.

А) которому
Б) который
В) которого
Г) с которым

22. Джон был на экскурсии, ... ему очень понравилась.
23. Джон был на экскурсии, ... организовал университет.
24. Джон был на экскурсии, ... он вернулся поздно.

А) которую
Б) которая
В) с которой
Г) от которой

25. Я знаю врача, ... помог моему другу.
26. Я знаю врача, ... был мой друг.
27. Я знаю врача, ... он разговаривал.

А) с которым
Б) которому
В) который
Г) у которого

28. Он учится в университете, ... носит имя Ломоносова.
29. Он учится в университете, ... исполнилось 250 лет.
30. Он учится в университете, ... учатся студенты из многих стран.

А) в котором
Б) которому
В) который
Г) с которым

31. Я жду студента, который ... .
32. Я жду студента, которому ... .
33. Я жду студента, с которым ... .

А) я дал свой словарь
Б) мы играем в шахматы
В) учится в моей группе
Г) мы пригласили в театр

34. Я пишу письмо подруге, которая ... .
35. Я пишу письмо подруге, которую ... .
36. Я пишу письмо подруге, с которой ... .

А) мы учились в школе
Б) я давно не видела
В) живёт в моём родном городе
Г) я звонила недавно

37. Мы были в музее, о котором ... .
38. Мы были в музее, который ... .
39. Мы были в музее, в котором ... .

А) нам очень понравился
Б) много прекрасных картин
В) ты рассказал нам
Г) исполнилось 150 лет

40. Это моя сестра, которую ... .
41. Это моя сестра, которой ... .
42. Это моя сестра, у которой ... .

А) завтра день рождения
Б) я очень люблю
В) я хочу купить подарок
Г) хочет стать артисткой

43. Ты знаешь писателя, который ... .
44. Ты знаешь писателя, с которым ... .
45. Ты знаешь писателя, которого ... .

А) мы пригласили на вечер
Б) написал эту книгу
В) мы познакомились в клубе
Г) он показал свои стихи

46. Вчера я встретил друзей, которых ... .
47. Ко мне пришли друзья, которым ... .
48. Я разговаривал с друзьями, которые ... .

А) я позвонил вчера
Б) живут в нашем общежитии
В) я давно не видел
Г) ты уже познакомился

49. Покажи мне книги, о которых ... .
50. Покажи мне книги, которые ... .
51. Вот книги, которыми ... .

А) ты интересуешься
Б) ты говоришь
В) ты купил
Г) есть рассказы Чехова

52. Назовите страны, ... приехали ваши друзья.
53. Назовите реки, ... находятся в Сибири.
54. Назовите музеи, ... вы уже побывали.

А) в которые
Б) из которых
В) которые
Г) в которых

55. Я купил учебники, ... у тебя нет.
56. Ты купил книги, ... есть у меня.
57. Я купил учебники, ... мы будем заниматься.

А) по которым
Б) с которыми
В) которые
Г) которых

58. Я знаю мальчиков, ... играют в спортзале.
59. В спортзале играют мальчики, ... я знаю.
60. Это мальчики, ... я познакомился в прошлом году.

А) с которыми
Б) о которых
В) которые
Г) которых

Тест 6. Сложное предложение

Выберите правильный вариант.

1. Борис сказал, ... он был в Мариинском театре.
2. Он посоветовал, ... я обязательно посмотрел этот балет.
3. Он сказал, ... это очень интересный балет.

А) что
Б) чтобы

4. Мама сказала, ... она вернётся поздно.
5. Мама напомнила, ... я позвонил ей.
6. Мама напомнила, ... я купил молоко.

А) что
Б) чтобы

7. Марта сказала, ... завтра она пойдёт в музей.   А) что
8. Я сказал, ... она взяла студенческий билет.   Б) чтобы
9. Я думаю, ... я тоже пойду в музей.

10. Мой друг сказал, ... он идёт в магазин.   А) что
11. Я попросил, ... он купил хлеб.   Б) чтобы
12. Он ответил, ... обязательно купит.

13. Мария попросила, ... я дал ей учебник.   А) что
14. Я сказал, ... у меня нет учебника.   Б) чтобы
15. Преподаватель попросил, ... я взял учебник в библиотеке.

16. Сергей сказал, ... завтра он поедет в Москву.   А) что
17. Мама попросила, ... он позвонил ей из Москвы.   Б) чтобы
18. Анна сказала, ... она никогда не была в Москве.

19. Преподаватель сказал, ... завтра будет контрольная работа.   А) что
20. Преподаватель попросил, ... студенты повторили грамматику.   Б) чтобы
21. Антон попросил, ... я объяснил ему правило.

22. Андрей не знает, ... открывается библиотека.   А) где
23. Анна сказала, ... библиотека открывается в 10 часов.   Б) что
     В) когда
     Г) откуда

24. Оля забыла, ... называется эта статья.
25. Виктор спросил, ... она читала её.

А) что
Б) где
В) куда
Г) как

26. Ты знаешь, ... находится магазин?
27. Наташа объяснила, ... доехать до магазина.

А) почему
Б) как
В) что
Г) где

28. Я не знаю, ... ещё должен прийти.
29. Я не понимаю, ... Ирина не пришла.

А) почему
Б) как
В) кто
Г) где

30. Мама спросила сына, ... он пойдёт в воскресенье.
31. Сын сказал, ... он пойдёт в музей.

А) что
Б) как
В) куда
Г) где

32. Я не знаю, ... начинается фильм.
33. Ты знаешь, ... находится кинотеатр?

А) где
Б) куда
В) когда
Г) откуда

34. Я не видел, ... она разговаривала.
35. Виктор спросил, ... есть учебник.
36. Ты знаешь, ... он дал словарь?

А) у кого
Б) кому
В) кого
Г) с кем

37. Я не знаю, ... она пригласила в гости.
38. Марта спросила, ... я была в кино.
39. Сергей не сказал, ... он получил письмо.

А) от кого
Б) кому
В) с кем
Г) кого

40. Мама спросила, ... звонил ей.
41. Я не знаю, ... они играли в футбол.
42. Марк помнит, ... он обещал дать журнал.

А) кому
Б) кто
В) с кем
Г) к кому

43. Роберт не знает, ... отдать книгу.
44. Сестра спросила, ... я поеду в субботу.
45. Крис хочет знать, ... вчера был день рождения.

А) у кого
Б) к кому
В) кого
Г) кому

46. Я часто хожу в театр, ... я люблю балет.
47. У меня не было свободного времени, ... я не пошёл в театр.
48. Мы не ходили в парк, ... был дождь.
49. Мой брат любит спорт, ... он часто ходит в спортзал.

А) потому что
Б) поэтому

50. Сегодня плохая погода, ... мы не пойдём гулять.
51. Я хочу увидеть Москву, ... это столица России.
52. У меня нет словаря, ... я иду в библиотеку.
53. Моя сестра хорошо поёт, ... она поступила в консерваторию.
54. Марта часто пишет письма домой, ... она скучает по семье.

А) потому что
Б) поэтому

55. В субботу была хорошая погода, ... мы гуляли по городу.

А) но
Б) и
В) а

56. Жан уже хорошо говорит по-русски, ... Пьер ещё нет.
   А) но
   Б) и
   В) а

57. Книга интересная, ... у меня нет времени читать её.
   А) но
   Б) и
   В) а

58. Нина заболела, ... не пошла к врачу.
   А) но
   Б) и
   В) а

59. Я работаю, ... моя сестра учится.
   А) но
   Б) и
   В) а

60. Я не знаю, где ... .
61. Я не знаю, куда ... .
62. Я не знаю, откуда ... .
   А) он получил письмо
   Б) сейчас мой друг
   В) ушёл мой друг
   Г) интересовался мой друг

63. Я не позвонил вам, ... потерял ваш номер телефона.
64. Он забыл её номер телефона, ... не позвонил ей.
65. Мы не поняли вопроса, ... не ответили на него.
   А) потому что
   Б) поэтому

66. Дети не пошли гулять, хотя ... .
   А) была хорошая погода
   Б) была плохая погода

67. Хотя он заболел, ...
   А) он не выучил эти стихи
   Б) он выучил эти стихи

68. Хотя мы очень устали, … .

А) мы выполнили эту работу
Б) мы не выполнили эту работу

69. Она не выучила стихи, хотя … .

А) учила их весь вечер
Б) не учила их

70. Если бы он прочитал текст, … .
71. Если он прочитает текст, … .

А) он хорошо ответит
Б) он хорошо ответил бы
В) он хорошо ответил

72. Если тебе нравится эта книга, … .
73. Если бы тебе понравилась эта книга, … .

А) я подарю её тебе
Б) я подарил бы её тебе
В) я подарил её тебе

74. Я буду очень рад, если … .
75. Я был очень рад, когда … .

А) вы пригласили меня на вечер
Б) вы пригласили бы меня на вечер
В) вы пригласите меня на вечер

76. Он быстро решил задачу, … она была трудной.
77. Он не решил задачу, … она была трудной.

А) потому что
Б) хотя
В) если

78. Он не решил бы задачу, … она была трудной.
79. Он не решит задачу, … она будет трудной.
80. Он опоздал, … очень спешил.

А) хотя
Б) если

В) если бы

Тест 7. Сложное предложение

Выберите правильный вариант.

1. Ирина нашла тетрадь, … потеряла вчера.
   - А) которое
   - Б) которую
   - В) который

2. Светлана часто рассказывает о подруге, … познакомилась недавно.
   - А) которую
   - Б) о которой
   - В) с которой

3. Я посмотрела фильм, … ты мне рассказывала.
   - А) о котором
   - Б) которому
   - В) в котором

4. Мы поздравили Владимира, … исполнилось сегодня 20 лет.
   - А) которого
   - Б) которому
   - В) в котором

5. В аудиторию вошёл преподаватель, … читал нам лекции в I семестре.
   - А) о котором
   - Б) в который
   - В) который

6. Анна познакомилась с писателем, имя … широко известно в России.
   - А) у которой
   - Б) которого
   - В) которую

7. Дмитрий опоздал, … поздно встал.
   - А) поэтому
   - Б) что
   - В) потому что

8. Антон встал рано, … не опоздать на урок.
   - А) чтобы
   - Б) поэтому
   - В) потому что

9. Джон сказал, ... очень устал от занятий.
А) чтобы
Б) потому что
В) что

10. Сергей не поехал в Италию, ... не успел получить визу.
А) поэтому
Б) потому что
В) чтобы

11. Я сказала, ... сделаю работу вовремя.
А) чтобы
Б) что
В) поэтому

12. ... спектакль кончился поздно, мы приехали домой ночью.
А) так как
Б) потому что
В) почему

13. ... помогать семье, старший сын много работал.
А) потому что
Б) чтобы
В) так как

14. ... будет хорошая погода, мы поедем за город.
А) хотя
Б) если бы
В) если

15. ... Том приехал к нам на обед, он познакомился бы с Марией.
А) если
Б) когда
В) если бы

16. ... будут летние каникулы, я поеду на родину.
А) если бы
Б) когда
В) если

17. ... у Татьяны были деньги, она поехала бы во Францию.
А) если
Б) когда
В) если бы

18. ... пойдёт дождь, я открою зонтик.
   А) если
   Б) если бы
   В) потому что

19. Марина не сдала экзамен, ... много готовилась к нему.
   А) хотя
   Б) если бы
   В) потому что

20. Пётр делает много ошибок, ... изучает иностранный язык 9 лет.
   А) потому что
   Б) хотя
   В) поэтому

21. Анна изучает французский язык только месяц, ... делает много ошибок.
   А) потому что
   Б) поэтому
   В) хотя

22. Мы опоздали на поезд, ... нам пришлось ехать на автобусе.
   А) поэтому
   Б) хотя
   В) когда

23. ... наступит лето, Николай поедет на дачу.
   А) когда
   Б) если
   В) хотя

24. Татьяна поссорилась с Иваном, ... не хочет его видеть.
   А) поэтому
   Б) что
   В) так как

25. Я не верю ... , что он говорит.
   А) то
   Б) тому
   В) о том

26. У него нет ... , что мне нужно.
   А) того
   Б) то
   В) тому

27. Я занимаюсь ... , что меня интересует.
А) о том
Б) то
В) тем

28. Лена долго думала ... , что случилось дома.
А) о том
Б) то
В) тому

29. Я дружу ... , с кем хочу.
А) с тем
Б) тому
В) того

30. Кирилл всегда помогает ... , кто нуждается в этом.
А) с теми
Б) те
В) тем

31. Марта нашла ... , что искала.
А) того
Б) то
В) тот

32. Расскажите мне ... , что вы видели.
А) того
Б) о том
В) тому

33. Трудно разговаривать ... , кто не слушает.
А) с теми
Б) о тех
В) о том

34. Мне нравится ... , что нарисовал этот ребёнок.
А) тому
Б) то
В) те

35. Я спросил друга, видел ... он Марту.
А) если
Б) ли
В) когда

36. Том ответил, ... он не видел Марту.
   А) ли
   Б) что
   В) то

37. Лена спросила Серёжу, ... он ей позвонит.
   А) когда
   Б) ли
   В) если

38. Серёжа спросил Лену, знает ... она Антона.
   А) если
   Б) что
   В) ли

39. ... два месяца не было дождя, многие растения погибли.
   А) из-за того что
   Б) благодаря тому что
   В) потому что

40. Я смогла вовремя выполнить работу, ... мне помогли друзья.
   А) чтобы
   Б) благодаря тому что
   В) из-за того что

41. Том немного подумал и сказал, ... не хочет ехать в Англию.
   А) из-за того что
   Б) что
   В) благодаря тому что

42. ... все студенты уехали на каникулы, на вечер никто не пришёл.
   А) так как
   Б) благодаря тому что
   В) потому что

43. ... Марина опоздала, она не успела осмотреть выставку.
   А) благодаря тому что
   Б) когда
   В) из-за того что

44. ... я знала, что ты не придёшь, я тебя не ждала бы.
   А) если бы
   Б) когда
   В) благодаря тому что

45. Бабушке было тогда 60 лет, ... дедушке — 56.
   А) и
   Б) а
   В) но

46. Антонина любит животных, ... у неё в доме всегда были собаки.
   А) но
   Б) а
   В) и

47. Джина хотела помочь Борису, ... Борис отказался от её помощи.
   А) но
   Б) и
   В) а

48. ... Марта мыла посуду, Джон убирал комнату.
   А) как только
   Б) после того как
   В) в то время как

49. ... Ирина приехала в Прагу, там было большое наводнение.
   А) с тех пор как
   Б) до того как
   В) куда

50. ... Сергей играл в теннис, Антон сделал всё домашнее задание.
   А) как только
   Б) с тех пор как
   В) пока

51. Джейн не знает, ... пошёл Том.
   А) куда
   Б) где
   В) откуда

52. Я не знаю, ... находится Сбербанк.
   А) где
   Б) как
   В) куда

53. Сергей спросил меня, ... я не еду на юг.
   А) зачем
   Б) как
   В) почему

54. Михаил спросил меня, ... я знаю его брата.
   А) откуда
   Б) почему
   В) когда

55. Я знаю, ... Саша взял словарь.
   А) с кем
   Б) от кого
   В) у кого

56. Елена спросила нас, ... мы отдали дискету.
   А) кого
   Б) кому
   В) кто

57. ... Маша придёт раньше, ты сможешь увидеть её.
   А) когда
   Б) потому что
   В) если

58. Я не знаю, ... решение примет Борис.
   А) которое
   Б) что
   В) какое

59. Дмитрий хочет, ... Анна пришла на дискотеку.
   А) что
   Б) чтобы
   В) если бы

60. Будет хорошо, ... ты придёшь к нам в гости.
   А) если
   Б) чтобы
   В) как

Тест 8. Сложное предложение

Выберите правильный вариант.

1. Мне нравится художник, ... мы встретились на выставке.
2. Мне нравится художник, ... мы пригласили на вечер.
3. Мне нравится художник, ... выступал на встрече.

А) которого
Б) который
В) с которым
Г) у которого

4. У меня нет книги, ... ты советуешь мне прочитать.
5. У меня нет книги, ... говорил Виктор.
6. У меня нет книги, ... тебе нужна.

А) которая
Б) в которой
В) которую
Г) о которой

7. Марк пишет другу, ... он учился вместе в школе.
8. Марк пишет другу, ... живёт в Киеве.
9. Марк пишет другу, ... он давно знает.

А) которому
Б) которого
В) с которым
Г) который

10. Борис был у врача, ... дал ему рецепт.
11. Борис был у врача, ... он рассказал о своей болезни.
12. Борис был у врача, ... он вернулся очень поздно.

А) от которого
Б) у которого
В) которому
Г) который

13. Мы ездили к подруге, ... работает в школе.
14. Мы ездили к подруге, ... есть большая собака.
15. Мы ездили к подруге, ... я звонила вчера.

А) которой
Б) которая
В) у которой
Г) которую

16. Марта посмотрела фильм, ... ей очень понравился.
17. Марта посмотрела фильм, ... ей рассказала Ольга.
18. Марта посмотрела фильм, ... участвовали известные актёры.

А) в котором
Б) которым
В) который
Г) о котором

19. Я жду брата, ... мы пойдём в кино.
20. Я жду брата, ... сегодня день рождения.
21. Я жду брата, ... я хочу купить подарок.

А) которому
Б) которого
В) с которым
Г) у которого

22. Я купил журнал, ... нет в библиотеке.
23. Я купил журнал, ... есть интересная статья.
24. Я купил журнал, ... стоит 20 рублей.

А) который
Б) которого
В) которому
Г) в котором

25. Как зовут студента, ... ты дал словарь?
26. Как зовут студента, ... мы встретили в музее?
27. Как зовут студента, ... ты поздоровался?

А) с которым
Б) которому
В) которым
Г) которого

28. Я знаю общежитие, ... находится на Гражданском проспекте.
29. Я знаю общежитие, ... живут мои друзья.
30. Я знаю общежитие, ... мы ходили вчера.

А) в котором
Б) в которое
В) которое
Г) которого

31. Антон познакомился с девушкой, ... учится в нашем университете.
32. Антон познакомился с девушкой, ... он танцевал на дискотеке.
33. Антон познакомился с девушкой, ... зовут Наташа.

А) которую
Б) которая
В) с которой
Г) которой

34. Я расскажу тебе о друге, который ... .
35. Я расскажу тебе о друге, с которым ... .
36. Я расскажу тебе о друге, которого ... .

А) приехал из Китая
Б) я давно не видел
В) я позвонил вчера
Г) я учился в школе

37. Марта потеряла книгу, которую ... .
38. Марта потеряла книгу, которая ... .
39. Марта потеряла книгу, в которой ... .

А) есть этот рассказ
Б) она обещала дать мне
В) ей нужна
Г) она рассказывала мне

40. Ты знаешь студентов, с которыми ... ?
41. Ты знаешь студентов, которым ... ?
42. Ты знаешь студентов, которые ... ?

А) окончили этот университет
Б) спрашивал мой друг
В) поздоровался Виктор
Г) нужно прийти на консультацию

43. Виктор сказал, ... он очень хочет поехать в Москву.
44. Я напомнил, ... он взял тёплые вещи.
45. Борис сказал, ... он тоже никогда не был в Москве.
46. Он попросил меня, ... я рассказал ему об этом городе.

А) что
Б) чтобы

47. Я сказал другу, ... позвоню ему   А) что
    вечером.   Б) чтобы
48. Друг сказал, ... он вернётся домой
    поздно.
49. Друг попросил, ... я позвонил ему
    завтра.
50. Я хочу, ... мы вместе пошли
    в спортзал.

51. Мария сказала, ... она хочет посту- А) что
    пить в университет.   Б) чтобы
52. Родители хотят, ... она поступила
    в университет.
53. Анна попросила, ... я дал ей словарь.
54. Она сказала, ... у неё нет словаря.

55. Я попросил друга, ... он объяснил   А) что
    мне задачу.   Б) чтобы
56. Друг сказал, ... задача трудная.
57. Я думаю, ... я написал диктант
    хорошо.
58. Преподаватель попросил, ... мы
    хорошо проверили свои работы.

59. Ты хочешь, ... я купил тебе газеты? А) что
60. Ирина сказала, ... она купит хлеб.   Б) чтобы
61. Друг дал мне кассету, ... я послушал
    эту песню.
62. Я сказал, ... это очень грустная песня.

63. Я не пойду гулять, ... завтра у меня экзамен.
64. В комнате жарко, ... мы открыли окно.
65. Лифт не работает, ... мы идём пешком на 7 этаж.
66. Я часто звоню домой, ... скучаю по родителям.

А) потому что
Б) поэтому

67. Виктор не ходит на дискотеку, ... он не умеет танцевать.
68. Антон не был на уроке, ... он не писал контрольную работу.
69. Мария часто ходит в музеи, ... она любит живопись.
70. У меня нет билета, ... я не пойду на концерт.

А) потому что
Б) поэтому

71. Я не помню, ... я положил мой словарь.
72. Ты знаешь, ... открывается библиотека?

А) когда
Б) куда
В) почему
Г) как

73. Марта не помнит, ... она дала свою тетрадь.
74. Я не видел, ... она поздоровалась.
75. Я не знаю, ... он получил письмо.

А) кем
Б) от кого
В) кому
Г) с кем

76. Андрей не знает, ... сегодня день рождения.
77. Мама спросила, ... я ходил.
78. Я спросил друга, ... он думает.

А) о чём
Б) к кому
В) у кого
Г) с кем

79. У меня был билет, ... я пошёл в театр.　　А) и
80. Мой брат — студент, ... моя　　Б) но
　　сестра — школьница.　　В) а
81. Было поздно, ... мы продолжали
　　работу.
82. Он говорит по-русски хорошо, ...
　　я говорю ещё плохо.
83. Эта задача лёгкая, ... я не могу
　　решить её.

84. Виктор не знает, ...　　А) пойдёт ли он в кино
85. Ольга спросила, ...　　Б) если он пойдёт в кино
86. Я куплю билеты, ...
87. Я буду очень рада, ...

88. Хотя Сергей писал диктант　　А) мог бы написать всё
　　внимательно, он ... .　　　　правильно
89. Если бы он писал диктант　　Б) пропустил 2 слова
　　внимательно, он ... .　　　　В) писал правильно
90. Если он будет писать диктант　　Г) всё напишет пра-
　　внимательно, он ... .　　　　вильно

Тест 9. Причастия и деепричастия

I ЧАСТЬ

Выберите правильный вариант.

1. Я знаю человека, ... на семи языках.
   - А) говорящий
   - Б) говорящего
   - В) говорящим

2. Мы читаем статью об учёном, ... Нобелевскую премию.
   - А) получившем
   - Б) получившим
   - В) получивший

3. Я познакомилась с математиком, ... МГУ.
   - А) окончивший
   - Б) окончившему
   - В) окончившим

4. Мне нравится молодой человек, ... в нашей фирме.
   - А) работающим
   - Б) работающий
   - В) работающего

5. Я прочитал рассказ, ... в журнале «Звезда».
   - А) напечатанный
   - Б) напечатанным
   - В) напечатанном

6. Татьяна потеряла зонтик, ... вчера.
   - А) купленного
   - Б) купленный
   - В) купленным

7. Андрей сдал экзамены по всем предметам, ... в университете.
   - А) изучаемым
   - Б) изучаемые
   - В) изучаемых

8. Марина танцевала с гостем, ... к нам на вечер.
   А) приглашённый
   Б) приглашённым
   В) приглашённого

9. Я ходила на выставку, ... в Эрмитаже.
   А) открытая
   Б) открытой
   В) открытую

10. Студенты обсуждают опыты, ... на занятии.
    А) проводимые
    Б) проводимых
    В) проводимыми

11. Мы говорили о книге, ... бразильским писателем.
    А) написанную
    Б) написанной
    В) написанная

12. Надо найти человека, ... испанский язык.
    А) знающего
    Б) знающий
    В) знающему

II ЧАСТЬ

Выберите правильную форму.

13. Марта читает письмо, ... отцом.
    А) присланное
    Б) приславшее

14. Джон рассказывает о книге, ... им вчера.
    А) прочитанной
    Б) прочитавшей

15. Спутники, ... в космос, служат несколько лет.
    А) посылающие
    Б) посланные

16. Артистка поблагодарила зрителя, ... ей цветы.
    А) подаренного
    Б) подарившего

17. Том вернулся и взял сумку, ... в аудитории.
    А) забытую
    Б) забывшую

18. Нам понравился вечер, ... студентами университета.
    А) организовавший
    Б) организованный

19. Мы учимся в институте, ... в XIX веке.
    А) основавшем
    Б) основанном

20. Я ответила на письмо, ... мной вчера.
    А) получившее
    Б) полученное

21. Антон смотрит все фильмы, ... в этом кинотеатре.
    А) демонстрирующие
    Б) демонстрируемые

22. Мне трудно будет забыть слова, ... вами.
    А) сказавшие
    Б) сказанные

23. Эта книга написана для студентов, ... русский язык.
    А) изучаемых
    Б) изучающих

24. Преподаватель поздравил студентов, ... на олимпиаде.
    А) побеждённых
    Б) победивших

III ЧАСТЬ

Выберите правильный вариант.

25. Эта статья ... в последнем номере журнала.
    А) напечатана
    Б) напечатанная

26. Выставка, ... сирийскими студентами, понравилась всем.
    А) организована
    Б) организованная

27. Книга уже ... . Её можно сдать в библиотеку.
    А) прочитанная
    Б) прочитана

28. Это здание ... в начале XX века.
    А) построено
    Б) построенное

29. Я хотела купить цветы, но магазин был ... .
    А) закрытый
    Б) закрыт

30. Анна принесла сочинение, ... ею ночью.
    А) написано
    Б) написанное

31. Выставка будет ... завтра.
    А) открытая
    Б) открыта

32. Посмотрите, вся работа уже ... .
    А) сделанная
    Б) сделана

33. В этом изложении ошибки ещё не ... .
    А) исправлены
    Б) исправленные

34. В аудитории лежит куртка, ... каким-то студентом.
    А) забыта
    Б) забытая

35. Эта книга была ... моей бабушкой.
   А) переведённая
   Б) переведена

36. Татьяна показала нам пальто, ... ею сегодня.
   А) куплено
   Б) купленное

37. Этот портрет ... известным художником.
   А) нарисовал
   Б) нарисованный
   В) нарисован

38. Зимний дворец ... по проекту архитектора Ф.Б. Растрелли.
   А) построен
   Б) построенный
   В) построил

39. Вся работа была ... вовремя.
   А) сделана
   Б) сделала
   В) сделавшая

40. Этот профессор ... лекцию завтра в 10 часов.
   А) прочитавший
   Б) будет прочитан
   В) будет читать

41. Картина ... моим дедом.
   А) купленная
   Б) была куплена
   В) купил

42. Это письмо я ... завтра.
   А) пошлю
   Б) будет послано
   В) послала

43. Я читаю книгу, ... мне братом.
   А) подарившую
   Б) подаренную
   В) была подарена

44. Задача ... Антоном за 5 минут.
 А) была решена
 Б) решённая
 В) решил

45. А.С. Пушкин — поэт, ... всеми русскими.
 А) любящий
 Б) любят
 В) любимый

46. Студент, ... на вопрос правильно, получил пятёрку.
 А) ответит
 Б) отвечает
 В) ответивший

47. Все книги ... в библиотеку.
 А) сданы
 Б) сдавшие
 В) сданные

48. Антон постучал в ... дверь.
 А) закрывшую
 Б) закрытую
 В) закрывающую

IV ЧАСТЬ

Выберите правильную форму.

49. ... , строители продолжили работу.
 А) отдыхая
 Б) отдохнув

50. ... задание, студенты начали делать упражнение.
 А) прочитав
 Б) читая

51. ... домой, я встретила в троллейбусе свою подругу.
 А) вернувшись
 Б) возвращаясь

52. ..., отец всегда ложится отдыхать.   А) пообедав
    Б) обедая

53. ... минуту, Татьяна уверенно ответила на вопрос.   А) думая
    Б) подумав

54. Студент сдал сочинение, ... написать своё имя.   А) забыв
    Б) забывая

55. ... в Россию, Дзян обещал родителям часто писать.   А) уезжая
    Б) уехав

56. ... ужин, мама позвала всех к столу.   А) готовя
    Б) приготовив

57. Хорошо ... иностранный язык, ты сможешь работать переводчиком.   А) изучая
    Б) изучив

58. ... новый грамматический материал, преподаватель писал на доске примеры.   А) объяснив
    Б) объясняя

59. ... все экзамены, студенты уехали на каникулы.   А) сдавая
    Б) сдав

60. ... в Петербурге, Том часто ходил в Эрмитаж.   А) живя
    Б) прожив

61. ... ключ, Лена не смогла войти в дом.   А) теряя
    Б) потеряв

62. ... стать врачом, Татьяна поступила в медицинский институт.   А) решая
    Б) решив

63. ... словарь подруге, Мария не смогла сделать домашнее задание.   А) отдав
   Б) отдавая

64. ... на вопрос, студент сделал 4 ошибки.   А) отвечая
   Б) ответив

65. ... душ, Дзян пошёл завтракать.   А) принимая
   Б) приняв

66. ... посуду, Елена разбила чашку.   А) убрав
   Б) убирая

67. ... новости, Джина выключила радио.   А) послушав
   Б) слушая

68. ... письмо от мамы, Марта сразу же начала его читать.   А) получая
   Б) получив

69. ... к дому, машина остановилась.   А) подъезжая
   Б) подъехав

70. ... мимо, Андрей с нами поздоровался.   А) пройдя
   Б) проходя

Тест 10. Грамматический тест

I ЧАСТЬ

Выберите правильный вариант.

1. Я часто пишу письма … .
2. В прошлом году я был … .
3. Я ходил на стадион … .

А) младшие братья
Б) с младшими братьями
В) у младших братьев
Г) младшим братьям

4. Скоро у нас будет экзамен … .
5. Я люблю заниматься … .
6. Мы ждём преподавателя … .

А) английский язык
Б) английского языка
В) английским языком
Г) по английскому языку

7. В Петербурге всегда много … .
8. Петербург нравится … .
9. В Петербург часто приезжают … .

А) иностранные туристы
Б) иностранных туристов
В) иностранным туристам
Г) иностранными туристами

10. Вчера мы были … .
11. Преподаватели организовали … для студентов.
12. … закончилась в 3 часа.

А) интересную экскурсию
Б) интересная экскурсия
В) на интересной экскурсии
Г) на интересную экскурсию

13. Моему другу нравится … .
14. Он сам выбрал … .
15. Он интересно рассказывает … .

А) профессия артиста
Б) профессией артиста
В) профессию артиста
Г) о профессии артиста

16. Я живу рядом … .
17. Этот магазин находится … .
18. Мы встретились недалеко … .

А) от центрального проспекта
Б) с центральным проспектом
В) на центральном проспекте
Г) центрального проспекта

19. У меня нет … .
20. Дай, пожалуйста, … .
21. Я всегда пишу … .

А) синяя ручка
Б) синей ручки
В) синюю ручку
Г) синей ручкой

22. В больнице работает много … .
23. Все … пришли на собрание.
24. В кабинете было 3 … .
25. В институте работает 10 … .

А) врачи
Б) врачей
В) врача

26. У Марты много … .
27. Многие её … окончили университет.
28. Марта всегда помогает … .
29. Она часто встречает … на дискотеке.

А) подругам
Б) подруг
В) подруги

30. … — самый тёплый месяц года.
31. Мой друг поедет домой … .
32. День рождения брата 15 … .
33. … было жарко.

А) июль
Б) июля
В) в июле

34. Борис знает много ... .
35. Борис хорошо читает ... .
36. Он интересуется ... .
37. Мне тоже нравятся ... .

А) русских стихов
Б) русские стихи
В) русскими стихами

38. Перерыв продолжается ... .
39. Урок начался ... .
40. Концерт кончится ... .
41. До начала урока осталось ... .

А) через полчаса
Б) полчаса
В) полчаса назад

II ЧАСТЬ

Выберите правильную форму.

42. Экзамен ... 4 часа.

А) продолжал
Б) продолжался

43. Марта ... русский язык.

А) изучает
Б) учится

44. Мы ... с другом в парке.

А) встретили
Б) встретились

45. Выставка ... Русским музеем.

А) организована
Б) организованная

46. Мне нравится ... задачи.
47. Вчера я весь вечер ... задачи.
48. Я ... 10 задач.

А) решал
Б) решать
В) решил
Г) решить

49. Мой брат всегда ... мне.　　　　А) помогать
50. Вчера я тоже ... ему перевести　Б) помог
　　текст.　　　　　　　　　　　　В) помогает
51. Я должен ... другу сделать это　Г) помочь
　　упражнение.

52. Марта каждый день ... домашнее　А) сделает
　　задание.　　　　　　　　　　　Б) делает

53. Завтра я ... текст на уроке.　　　А) рассказать
54. Я хочу ... тебе о своих каникулах.　Б) буду рассказывать
55. Я уже ... текст.　　　　　　　　В) рассказал

56. Мария любит ... письма.　　　　А) получает
57. Вчера она ... 2 письма.　　　　　Б) получать
58. Завтра она тоже ... письмо.　　　В) получила
　　　　　　　　　　　　　　　　　Г) получит

59. Сейчас я ... новое правило.　　　А) выучил
60. Когда я ... правило, я пойду в кино.　Б) учу
　　　　　　　　　　　　　　　　　В) выучу

61. Ты ... вчера в музей?　　　　　А) ходил
　　　　　　　　　　　　　　　　　Б) шёл

62. Ты ... в университет каждый день?　А) идёшь
　　　　　　　　　　　　　　　　　Б) ходишь

63. Ты любишь ... на велосипеде?　　А) ездить
　　　　　　　　　　　　　　　　　Б) ехать

64. Когда я ... домой, я встретил друга.　А) ходил
　　　　　　　　　　　　　　　　　Б) шёл

65. Я ещё не ... в Мариинский театр. А) ходил
66. Завтра я первый раз ... туда. Б) пойду
   В) буду ходить

67. Антон ... домой поздно. А) подошёл
68. Преподаватель открыл дверь Б) пришёл
   и ... в класс. В) вошёл
69. Виктор ... к окну и открыл его. Г) перешёл

70. Вчера мы ... на выставку. А) ходили
71. Туда мы ... пешком. Б) шли
72. Когда мы ... домой, мы говорили
   о картинах.

73. Виктора нет в Петербурге, он ... А) поехал
   вчера. Б) уехал
74. Мой друг ... сюда недавно. В) приехал
75. Я поужинал и ... на вокзал. Г) ехал

76. Лена ... к двери и закрыла её. А) пришла
77. Она ... от двери и села на диван. Б) подошла
78. Она ... через дорогу и вошла в В) перешла
   аптеку. Г) отошла

III ЧАСТЬ

Выберите правильный вариант.

79. Я жду студентов, которые ... . А) приехали из Москвы
80. Я жду студентов, которых ... . Б) я учусь в одной группе
81. Я жду студентов, с которыми ... . В) ты знаешь
   Г) ты спрашивал у меня

82. Я встретил друзей, о которых … .   А) я рассказывал тебе
83. Я встретил друзей, которые … .   Б) живут в моём городе
84. Я встретил друзей, с которыми … .   В) я познакомился здесь
                                         Г) давно не видел

85. У меня есть словарь, … я купил в Доме книги.   А) который
86. У меня есть словарь, … ты интересовался.   Б) которому
87. У меня есть словарь, … нет в нашей библиотеке.   В) которого
                                                      Г) которым

88. Я купил газету, … я дам сестре.   А) которая
89. Я купил газету, … есть интересные статьи.   Б) которую
90. Я купил газету, … стоит 5 рублей.   В) которой
                                                  Г) в которой

91. Брат посоветовал мне, … я написал письмо родителям.   А) что
92. Я решил, … напишу родителям сегодня вечером.   Б) чтобы
93. Преподаватель сказал, … мы пойдём на экскурсию завтра.
94. Преподаватель напомнил, … мы взяли студенческие билеты.
95. Я думаю, … экскурсия будет интересной.

96. Виктор не знает, … находится аптека.   А) где
97. Анна объяснила ему, … туда идти.   Б) как
                                               В) почему
                                               Г) куда

98. Я не знаю, ... он не пишет мне.
99. Я не знаю, ... доехать до центра.
100. Он знает, ... начинается концерт.

А) откуда
Б) когда
В) почему
Г) как

101. Я не видел, ... он разговаривал.
102. Пётр спросил, ... есть ручка.
103. Ты помнишь, ... ты дал учебник?

А) с кем
Б) кому
В) кого
Г) у кого

104. Когда я завтракаю, ...

А) я слушал новости
Б) я слушаю новости
В) я послушаю новости

105. Когда я решу задачу, ...

А) я объясню её тебе
Б) я объяснял её тебе
В) я объясняю её тебе

106. Когда Мария переводила текст, ...

А) она смотрит слова в словаре
Б) она смотрела слова в словаре
В) она посмотрит слова в словаре

107. Если Андрей позвонит мне, ...

А) я расскажу ему эту новость
Б) я рассказал бы ему эту новость

108. Если бы ты попросил меня, ...

А) я объяснил бы тебе эту задачу
Б) я объясню тебе эту задачу

109. Хотя экзамен был трудный, … .
   А) мы хорошо сдали его
   Б) мы хорошо сдадим его

110. Я не пошёл гулять, … .
   А) поэтому было холодно
   Б) потому что было холодно

Тест 11. Грамматический тест

I ЧАСТЬ

Выберите правильный вариант.

1. Эту статью написал … .
2. Недавно мы познакомились … .
3. Мой друг получил письмо … .

   А) известному журналисту
   Б) известный журналист
   В) с известным журналистом
   Г) от известного журналиста

4. Виктор увлекается … .
5. Он часто ходит на концерты … .
6. Я тоже люблю слушать … .

   А) классическая музыка
   Б) классическую музыку
   В) классической музыки
   Г) классической музыкой

7. Моя подруга — студентка … .
8. Я тоже мечтаю поступить … .
9. На этой площади находится … .

   А) Театральная академия
   Б) в Театральной академии
   В) Театральной академии
   Г) в Театральную академию

10. Машина остановилась около … .
11. Моя подруга переехала … .
12. Магазин находится … .

А) в соседнем доме
Б) соседнего дома
В) к соседнему дому
Г) в соседний дом

13. Мы купили сувениры … .
14. Памятник Гоголю находится рядом … .
15. Борис живёт недалеко … .

А) от Невского проспекта
Б) на Невском проспекте
В) с Невским проспектом
Г) Невского проспекта

16. На вечере мы встретились … .
17. От преподавателя мы узнали … .
18. На концерт пригласили … .

А) о талантливом музыканте
Б) с талантливым музыкантом
В) талантливому музыканту
Г) талантливого музыканта

19. Я поздравил … с днём рождения.
20. Он послал письмо … .
21. Мы часто играем в теннис … .

А) со старшей сестрой
Б) старшую сестру
В) старшей сестре
Г) от старшей сестры

22. Я встречал на вокзале … .
23. Он познакомил меня … .
24. Марта часто рассказывает … .

А) своих друзей
Б) к своим друзьям
В) о своих друзьях
Г) со своими друзьями

25. Мне понравилось выступление … .
26. В нашу школу приехали … .
27. Эта статья понравилась … .

А) артисты
Б) артистов
В) артистами
Г) артистам

28. В университете учится много ... .   А) студенты
29. ... участвовали в конференции.   Б) студента
30. В аудитории было 4 ... .   В) студентов
31. В нашей группе учится 9 ... .

32. До конца урока осталось ... .   А) 15 минут назад
33. Урок кончится ... .   Б) 15 минут
34. Перерыв начался ... .   В) через 15 минут
35. Наш разговор продолжался ... .

36. Борис ездил в Москву ... .   А) в феврале
37. День рождения моего брата ... .   Б) февраль
38. ... — самый короткий месяц года.   В) февраля
39. Каникулы начнутся в начале ... .

40. Школу построили ... .   А) прошлый год
                                              Б) прошлого года
                                              В) в прошлом году

41. Санкт-Петербург начали   А) XVIII век
    строить ... .   Б) в XVIII веке
                                              В) XVIII века

II ЧАСТЬ

Выберите правильную форму.

42. Я давно собирался ... другу.   А) позвоню
                                              Б) позвонил
                                              В) позвонить

43. Антон любит ... цветы сестре.   А) дарит
                                              Б) дарил
                                              В) дарить

44. Преподаватель ... студентов весь урок.
   А) спрашивал
   Б) спросил
   В) спросит

45. Я быстро ... и пошёл в библиотеку.
   А) пообедаю
   Б) пообедал
   В) буду обедать

46. Два часа он ... эти задачи.
   А) решил
   Б) решал
   В) решит

47. Он долго ... ошибки.
   А) исправил
   Б) исправлял
   В) исправит

48. Мне надо ... учебник в библиотеке.
   А) взяла
   Б) взять
   В) возьму

49. Она встала и ... окно.
   А) закрыла
   Б) закроет
   В) закрывала

50. Ольга кончила ... ужин поздно.
   А) готовить
   Б) готовила
   В) приготовить
   Г) приготовила

51. Художник долго ... портрет.
52. Через месяц он ... портрет.
53. Вчера мой брат весь вечер ... .
   А) рисовал
   Б) нарисовал

54. Дедушка часто ... мне сказки.   А) рассказывал
55. Брат сразу ... мне, что случилось.   Б) рассказал
56. Виктор ... нам новости и ушёл.

57. Вчера я ... в музей.   А) шёл
58. Я ... туда 30 минут.   Б) ходил
59. Когда я ... в музей, я встретил Анну.

60. Ты часто ... в спортзал?   А) идёшь
61. Сейчас ты ... в спортзал или в   Б) ходишь
    бассейн?
62. Привет, Андрей! Куда ты ... ?

63. В августе мы ... в Москву.   А) ехали
                                            Б) ездили

64. Сколько времени нужно ... до   А) ехать
    Новгорода?   Б) ездить
65. Ты любишь ... на поезде?
66. Уже 8 часов, пора ... на работу.

67. Пассажир идёт по вокзалу и ...   А) несёт
    чемодан.   Б) носит
68. Марк всегда ... на урок словарь.
69. Ребёнок не спит, и мать ... его
    по комнате.

70. Борис встал и ... к окну.   А) пришёл
71. Вчера отец ... домой рано.   Б) ушёл
72. Сергей попрощался и ... .   В) подошёл
                                            Г) вошёл

73. Ира ... через дорогу и села в машину.
74. Она ... от окна и включила свет.
75. Она постучала и ... в комнату.

А) вошла
Б) перешла
В) отошла
Г) пришла

76. Мой друг ... из Китая недавно.
77. Автобус ... к университету.
78. Антон сел в машину и ... .

А) поехал
Б) въехал
В) приехал
Г) подъехал

III ЧАСТЬ

Выберите правильный вариант.

79. Я прочитал рассказ, ... мне очень понравился.
80. Я прочитал рассказ, ... ты говорил мне.
81. Я прочитал рассказ, ... нет в этом журнале.

А) который
Б) которому
В) которого
Г) о котором

82. Я поступил в университет, ... учился мой отец.
83. Я поступил в университет, ... окончила моя сестра.
84. Я поступил в университет, ... исполнилось 100 лет.

А) который
Б) которому
В) в котором
Г) которым

85. Я встретил студентку, ... мы ходили на экскурсию.
86. Я встретил студентку, ... зовут Мария.
87. Я встретил студентку, ... живёт в моём общежитии.

А) которую
Б) которая
В) с которой
Г) которой

88. Я купил газеты, ... я всегда читаю.
89. Я купил газеты, ... у меня не было.
90. Я купил газеты, ... ты мне говорил.

А) о которых
Б) которые
В) с которыми
Г) которых

91. Виктор купил учебник, которого ... .
92. Виктор купил учебник, о котором ... .
93. Виктор купил учебник, который ... .

А) стоит 80 рублей
Б) есть эта грамматика
В) нет в библиотеке
Г) говорил ему друг

94. Борис познакомился с девушкой, которую ... .
95. Борис познакомился с девушкой, которая ... .
96. Борис познакомился с девушкой, с которой ... .

А) увлекается музыкой
Б) он ехал в поезде
В) зовут Ольга
Г) ему рассказала сестра

97. Я знаю страны, в которых ... .
98. Я знаю страны, из которых ... .
99. Я знаю страны, которые ... .

А) граничат с Россией
Б) вы хотите поехать
В) приехали мои друзья
Г) побывал мой брат

100. Я живу в Петербурге, ... мой друг живёт в Москве.
101. Я купил билет, ... мы пошли в кино.
102. Погода была хорошая, ... мы не гуляли.

А) и
Б) но
В) а

103. Профессор вошёл в аудиторию, ... лекция началась.
104. Мой друг заболел, ... я вызвал врача.
105. Я люблю футбол, ... мой брат любит баскетбол.

А) и
Б) но
В) а

106. Хуан приехал в Петербург, ... получить образование.
107. Он сказал, ... он хочет учиться в Петербурге.
108. Сестра пригласила Антона в театр, ... он послушал оперу.
109. Антон сказал, ... опера ему понравилась.

А) что
Б) чтобы

110. Я был занят, ... не пошёл в кино.
111. Анна не поехала на озеро, ... было холодно.
112. Мой друг много знает, ... я люблю разговаривать с ним.
113. Мне трудно говорить, ... у меня болит горло.

А) поэтому
Б) потому что

114. Вы понимаете, ... он говорит?
115. Я не знаю, ... пойдёт на экскурсию.

А) кто
Б) где
В) что
Г) как

116. Я не знаю, ... она была в музее.
117. Виктор спросил, ... есть линейка.
118. Я не помню, ... он пригласил в театр.

А) у кого
Б) с кем
В) кому
Г) кого

119. Когда мы танцевали, друзья ... музыку.

А) слушали
Б) слушают
В) будут слушать

120. Когда я сделаю домашнее задание, я ... ужин.

А) приготовил
Б) приготовлю
В) готовлю

121. Когда он будет читать текст,   А) смотрит
      он ... слова в словаре.   Б) будет смотреть
                                       В) смотрел

122. Когда Игорь решит задачу,   А) будет говорить
      он ... мне ответ.   Б) сказал
                                       В) скажет

123. Когда врач осмотрел больного,   А) выписал
      он ... рецепт.   Б) выписывает
                                       В) выпишет

124. Олег не знает, ...   А) пойдёт ли он в театр
125. Сестра купит билеты, ...   Б) если он пойдёт
126. Мария спросила, ...   в театр
127. Я расскажу ему о спектакле, ...

128. Хотя Андрей писал внимательно,   А) написал бы без ошибок
      он ... .
129. Если бы он писал внимательно,   Б) сделал 3 ошибки
      он ... .   В) писал без ошибок
130. Если он будет писать внимательно, Г) всё напишет без ошибок
      он ... .

Тест 12. Лексико-грамматический тест

I ЧАСТЬ

Выберите правильный вариант.

1. Наталия и Ольга часто ... друг с другом.
   - А) отвечают
   - Б) рассказывают
   - В) разговаривают

2. Татьяна любит ... в библиотеке.
   - А) учиться
   - Б) учить
   - В) заниматься

3. Леонид и Ольга ... современное искусство в Академии художеств.
   - А) изучают
   - Б) занимаются
   - В) учат

4. Вы не знаете, как ... этот проспект?
   - А) называть
   - Б) зовут
   - В) называется

5. Маргарита прекрасно знает ... .
   - А) по-французски
   - Б) на французском языке
   - В) французский язык

6. Ольга с детства ... плавать.
   - А) понимает
   - Б) умеет
   - В) знает

7. Когда я шёл в театр, я случайно ... своего друга.
   - А) увиделся
   - Б) встретился
   - В) встретил

8. Когда я приду домой, я буду ... новое стихотворение.
   А) учить
   Б) заниматься
   В) изучать

9. Андрей редко ... вопросы преподавателям.
   А) спрашивает
   Б) даёт
   В) задаёт

10. В начале июня студенты будут ... экзамены.
    А) делать
    Б) решать
    В) сдавать

11. Антон подошёл к столу и ... на стул.
    А) сидел
    Б) сел
    В) посидел

12. Нина всегда ... спать поздно.
    А) лежит
    Б) ложится
    В) ходит

13. Когда мы встречаемся, мы ... наше детство.
    А) помним
    Б) вспоминаем
    В) запоминаем

14. Вчера мы долго ... новый диск.
    А) слушали
    Б) слышали
    В) послушали

15. Анна закончила писать контрольную работу и ... тетрадь на стол преподавателя.
    А) клала
    Б) положила
    В) лежала

16. Игорь ... Нину дать ему словарь.
    А) попросил
    Б) спросил
    В) спрашивал

17. Мы включили радиоприёмник и с интересом ... новости.
   А) слышали
   Б) слушали

18. Моя мама не носит очки, хотя плохо ... .
   А) видит
   Б) смотрит

19. Прозвенел звонок, и урок ... .
   А) начал
   Б) начался

20. Преподаватель ... принимать экзамен и вышел из аудитории.
   А) кончился
   Б) кончится
   В) кончил

21. Вера окончит школу и ... образование в университете.
   А) продолжит
   Б) будет продолжаться
   В) продолжится

II ЧАСТЬ

Выберите все возможные варианты.

22. Туристы осматривали ... здание.
   А) старое
   Б) старинное
   В) старшее

23. Письмо написано. Теперь нужно его ... .
   А) ответить
   Б) послать
   В) отправить

24. Экзамен сдан. Нас ждёт интересная ... .
   А) прогулка
   Б) поездка
   В) путешествие

25. Матч кончился. Все собрались на стадионе, чтобы увидеть, как ... победителей.

А) награждают
Б) поздравляют
В) отмечают

III ЧАСТЬ

Выберите правильный вариант.

26. Виктор очень интересуется ... .
27. Виктор всегда любил ... .
28. Ему с детства нравилась ... .

А) классическая архитектура
Б) классической архитектурой
В) классическую архитектуру
Г) о классической архитектуре

29. Мы решили встретиться на углу Садовой улицы и ... .
30. Давай погуляем ... .
31. Многие литераторы писали ... .

А) по Невскому проспекту
Б) Невский проспект
В) Невского проспекта
Г) о Невском проспекте

32. Михаилу очень нравится ... .
33. Он очень хочет встретить ... на вокзале.
34. Михаил всё время говорит ... .

А) о моей сестре
Б) мою сестру
В) моя сестра
Г) моей сестре

35. Жак рассказал ... , где он учится.
36. Жак долго разговаривал ... .
37. Жак спросил ... , как пройти к театру.

А) молодого человека
Б) молодому человеку
В) к молодому человеку
Г) с молодым человеком

38. Мы вышли из автобуса и пошли … .
39. Мы встретили Нику … .
40. Мы вернулись домой … в 12 часов.

А) у Оперного театра
Б) к Оперному театру
В) из Оперного театра
Г) Оперный театр

41. Прошлым летом мы побывали … .
42. Мы вернулись … в конце августа.
43. Мы долго будем вспоминать … .

А) интересное путешествие
Б) в интересное путешествие
В) из интересного путешествия
Г) в интересном путешествии

44. Мы пригласили в наш клуб … .
45. Встреча … проходила в декабре.
46. Мы подарили цветы … .

А) известного писателя
Б) известному писателю
В) об известном писателе
Г) с известным писателем

47. Я хотел бы почитать … .
48. Зимний дворец находится … .
49. В центре Санкт-Петербурга находится … .

А) Дворцовая площадь
Б) на Дворцовой площади
В) на Дворцовую площадь
Г) о Дворцовой площади

50. У Ирины 7 … .
51. Её … живут в Москве.
52. Ирина часто пишет письма … .

А) братьям
Б) о братьях
В) братьев
Г) братья

53. В нашем институте учится 250 … .
54. … приехали в Петербург осенью.
55. Этот город понравился … .

А) китайские студенты
Б) с китайскими студентами
В) китайским студентам
Г) китайских студентов

56. Елена всегда заботится … .
57. Она часто получает письма … .
58. В выходные дни она ходит в гости … .

А) своих друзей
Б) о своих друзьях
В) к своим друзьям
Г) от своих друзей

59. Антон смотрел выступление … .
60. На Олимпиаду приехало 50 … .
61. В газетах писали … .
62. На соревнование прилетели … .

А) российские спортсменки
Б) российских спортсменок
В) о российских спортсменках

63. У Виктора несколько … .
64. Его … учатся в школе.
65. У Антона две … .
66. На концерт пришли его … .

А) сёстры
Б) сестёр
В) сестры

67. Елена окончила школу … .
68. Она поступила в университет … .
69. В августе … она сдала вступительные экзамены.
70. Весь … она очень много занималась.

А) в прошлом году
Б) прошлого года
В) прошлый год

71. Мария приехала в начале … .   А) сентябрь
72. Двадцать седьмого … она уехала   Б) в сентябре
    домой.   В) сентября
73. Учебный год в России начи-
    нается … .
74. … — мой любимый месяц.

75. Мы встретимся с тобой … .   А) 5 минут назад
                                   Б) через 5 минут
                                   В) 5 минут

76. Тестирование будет проходить … .   А) будущую неделю
                                         Б) на будущей неделе
                                         В) будущая неделя

77. Компьютеры появились в конце … .   А) в XX веке
                                         Б) XX век
                                         В) XX века

IV ЧАСТЬ

Выберите правильный вариант.

78. Мария всегда мечтала …   А) поступила
    в университет.   Б) поступить
                                В) поступит

79. Иван собирается … в Китай.   А) поедет
                                   Б) поехать
                                   В) поехал

80. Артист вышел на сцену и начал … .   А) петь
                                          Б) запел
                                          В) пел

81. Сегодня мы идём ... балет.
А) посмотрели
Б) смотрели
В) смотреть

82. На следующей неделе Анна ... на концерт.
А) пойдёт
Б) пошла
В) ходила

83. Прошлым летом Антонина ... на даче.
А) отдохнёт
Б) отдыхает
В) отдыхала

84. В Доме книги можно ... разные словари.
А) купит
Б) купить
В) купили

85. Я быстро ... и пойду на занятия.
А) позавтракаю
Б) завтракаю
В) завтракать

86. Анна долго ... газетную статью.
А) перевела
Б) переводила
В) переведёт

87. Я скоро вернусь и ... тебе решить проблему.
А) буду помогать
Б) помогу
В) помогаю

88. В детстве я часто ... в этом саду.
А) поиграл
Б) играл
В) поиграю

89. Профессор кончил ... с аспирантом поздно вечером.
А) побеседовать
Б) беседовать
В) беседовал

90. Продолжайте, пожалуйста, ... текст.
   А) прочитать
   Б) читать
   В) читай

91. Завтра вечером я ... сочинение.
   А) написала
   Б) буду писать
   В) писать

92. Раньше Дима часто ... ей письма.
93. В апреле Антон ... родителям 2 письма.
94. Я написал тебе письмо, но не ... .
   А) послал
   Б) посылал

95. Я быстро ... текст, а потом покажу тебе.
96. Не жди меня, я ... текст долго.
97. Когда я ... текст, я смогу пойти с тобой погулять.
   А) переведу
   Б) буду переводить

98. Наш дом ... 2 года назад.
99. Театр ... 1,5 года.
100. Ты уже видел, какое красивое здание ... около метро?
   А) строили
   Б) построили

101. Когда я ... в институт, начался дождь.
102. Ты ... сегодня на лекцию?
103. Я уже ... на выставку в Эрмитаж.
   А) ходил
   Б) шёл

104. Антон закончил делать уроки и сейчас ... в бассейн.
105. Он ... в бассейн по воскресеньям.
106. Елена ... в бассейн каждую субботу.
   А) идёт
   Б) ходит

107. — Вчера я ... в Гостиный двор. А) ездил
108. — Ты ... один или с Таней? Б) ехал
109. — Один. Когда я ... в Гостиный двор, я в поезде встретил Наташу.

110. Сейчас я ... в Русский музей. А) еду
111. Летом я часто ... за город. Б) езжу
112. — Вы едете в Москву?
 — Да, я ... на конференцию.

113. Татьяна иногда ... в Париж к своему брату. А) летит
114. До Парижа самолёт ... 3 часа. Б) летает
115. Евгений — лётчик. Он ... в разные страны.

116. Вот идёт Алексей. Он ... тебе словарь. А) несёт
117. Мальчик едет на велосипеде и ... футбольный мяч. Б) везёт
118. — Куда поставить цветы?
 — Вот Марина ... вазу.

119. Лена каждый день ... с собой словарь. А) несёт
120. Ты не знаешь, куда Антон ... мой стул? Б) носит
121. Саша идёт в гости и ... с собой цветы.

122. Трамвай ... к остановке. А) подошёл
123. Саша взял свои вещи и ... из аудитории. Б) пришёл
124. Иван ... домой поздно. В) вышел
 Г) вошёл

125. Борис ... от окна и включил телевизор.
126. Саша ... к столу и взял салфетку.
127. Серёжа ... на работу ровно в 9 часов.

А) перешёл
Б) отошёл
В) пришёл
Г) подошёл

128. Анны нет сейчас в городе. Она ... в Англию на неделю.
129. По дороге домой я ... к подруге.
130. Татьяна здесь больше не живёт. Она ... на новую квартиру.

А) переехала
Б) заехала
В) уехала

КЛЮЧИ

ЭЛЕМЕНТАРНЫЙ УРОВЕНЬ

Лексико-грамматический тест

1. Б; 2. В; 3. В; 4. Б; 5. А; 6. А; 7. Б; 8. Б; 9. В; 10. А; 11. А; 12. Б; 13. А; 14. А; 15. Б; 16. Б; 17. А; 18. Б; 19. А; 20. В; 21. Б; 22. В; 23. А; 24. Б; 25. Б; 26. В; 27. А; 28. Б; 29. В; 30. А; 31. В; 32. В; 33. Б; 34. В; 35. Б; 36. В; 37. Б; 38. В; 39. Б; 40. А; 41. В; 42. В; 43. Б; 44. А; 45. Б; 46. Б; 47. А; 48. В; 49. А; 50. Б; 51. В; 52. Б; 53. Б; 54. А; 55. А; 56. Б; 57. В; 58. Б; 59. Б; 60. А; 61. Б; 62. В; 63. В; 64. Б; 65. А; 66. Б; 67. В; 68. А; 69. Б; 70. В; 71. Б; 72. Б; 73. Б; 74. Б; 75. А; 76. В; 77. Б; 78. Б; 79. Б; 80. А; 81. А; 82. А; 83. Б; 84. А; 85. Б; 86. А; 87. Б; 88. В; 89. А; 90. Б; 91. В; 92. А; 93. В; 94. Б; 95. А; 96. А; 97. Б; 98. А; 99. Б; 100. Б

БАЗОВЫЙ УРОВЕНЬ

Тест 1. Падежи

1. Б; 2. В; 3. Г; 4. Г; 5. В; 6. А; 7. Б; 8. Б; 9. В; 10. А; 11. Г; 12. В; 13. Г; 14. Б; 15. В; 16. Г; 17. А; 18. Б; 19. Г; 20. А; 21. Б; 22. В; 23. В; 24. Г; 25. Б; 26. А; 27. Б; 28. А; 29. Г; 30. В; 31. В; 32. Б; 33. А; 34. Г; 35. А; 36. Б; 37. Б; 38. В; 39. В; 40. В; 41. В; 42. Б; 43. Б; 44. В; 45. В; 46. В; 47. В; 48. А; 49. Б; 50. В; 51. Б; 52. А; 53. В; 54. Б; 55. В; 56. Б; 57. А; 58. В; 59. Б; 60. Б; 61. Б; 62. В; 63. В; 64. В; 65. Б; 66. В; 67. Б; 68. Б; 69. Б; 70. В; 71. В; 72. Б; 73. В; 74. Б; 75. Б

Тест 2. Глагол

1. Б; 2. В; 3. Б; 4. В; 5. А; 6. В; 7. Б; 8. Б; 9. А; 10. А; 11. А; 12. Б; 13. Б; 14. А; 15. А; 16. Б; 17. А; 18. Б; 19. В; 20. Г; 21. А; 22. Б; 23. Г; 24. В; 25. А; 26. Б; 27. Б; 28. В; 29. Г; 30. А; 31. Г; 32. В; 33. Б; 34. А; 35. Б; 36. В; 37. Г; 38. А; 39. В; 40. Г; 41. А; 42. Б; 43. Б; 44. Г; 45. А; 46. В; 47. А; 48. А; 49. Б; 50. Г; 51. А; 52. Г; 53. В; 54. Б; 55. Б; 56. А; 57. В; 58. Г; 59. А; 60. Б; 61. А; 62. Б; 63. Б; 64. А; 65. Б; 66. В; 67. Б; 68. А; 69. Б; 70. А

Тест 3. Лексико-грамматический тест

1. В; 2. Б; 3. Б; 4. В; 5. Б; 6. Б; 7. Б; 8. В; 9. В; 10. Б; 11. А; 12. Б; 13. Б; 14. В; 15. А; 16. Б; 17. Б; 18. А; 19. А; 20. Б; 21. Б; 22. В; 23. Б; 24. Б; 25. Б; 26. В; 27. В; 28. А; 29. Б; 30. А; 31. В; 32. А; 33. Б; 34. Б; 35. А; 36. В; 37. Б; 38. В; 39. А; 40. В; 41. А; 42. Б; 43. Б; 44. А; 45. В; 46. А; 47. Б; 48. А; 49. Г; 50. В; 51. Б; 52. Б; 53. Г; 54. А; 55. Б; 56. Г; 57. А; 58. В; 59. В; 60. А; 61. В; 62. Б; 63. Б; 64. В; 65. Б; 66. Г; 67. В; 68. В; 69. Б; 70. А; 71. В; 72. Г; 73. В; 74. Г; 75. Б; 76. В; 77. Г; 78. А; 79. Б; 80. Б; 81. А; 82. Г; 83. Г; 84. В; 85. Б; 86. В; 87. Г; 88. Б; 89. В; 90. Г; 91. А; 92. А; 93. Б; 94. Б; 95. В; 96. Б; 97. В; 98. В; 99. Б; 100. Б; 101. В; 102. А; 103. В; 104. А; 105. Б; 106. В; 107. А; 108. Б; 109. Б; 110. В; 111. Б; 112. Б; 113. А; 114. Б; 115. Б; 116. Б; 117. А; 118. А; 119. Б; 120. А; 121. Б; 122. А; 123. А; 124. Б; 125. В; 126. А; 127. Б; 128. А; 129. Б; 130. Б; 131. Б; 132. Б; 133. А; 134. Б; 135. В; 136. А; 137. А; 138. В; 139. Б; 140. В;

141. А; 142. Б; 143. А; 144. Б; 145. Б; 146. А; 147. Б; 148. А; 149. А; 150. Б; 151. Б; 152. А; 153. Б; 154. А; 155. Б; 156. А; 157. Б; 158. Г; 159. В; 160. А

Тест 4. Лексико-грамматический тест

1. Б; 2. А; 3. В; 4. Д; 5. В; 6. Г; 7. А; 8. Д; 9. В; 10. Б; 11. Д; 12. Г; 13. Б; 14. В; 15. Г; 16. Д; 17. Б; 18. А; 19. Г; 20. В; 21. Б; 22. Г; 23. В; 24. А; 25. Г; 26. В; 27. Б; 28. А; 29. Б; 30. В; 31. Г; 32. А; 33. Б; 34. А; 35. Б; 36. В; 37. А; 38. В; 39. В; 40. Г; 41. Б; 42. В; 43. Б; 44. А; 45. Б; 46. А; 47. В; 48. Б; 49. А; 50. Г; 51. В; 52. В; 53. Г; 54. А; 55. Б; 56. В; 57. А; 58. Б; 59. В; 60. А; 61. Б; 62. В; 63. А; 64. Б; 65. Б; 66. А; 67. В; 68. Г; 69. Г; 70. В; 71. А; 72. В; 73. Г; 74. Б; 75. А; 76. Б; 77. А; 78. Б; 79. В; 80. Г

Тест 5. Лексико-грамматический тест

1. Б; 2. А; 3. В; 4. А; 5. Б; 6. В; 7. Г; 8. А; 9. Г; 10. Б; 11. А; 12. Д; 13. В; 14. В; 15. Г; 16. А; 17. Б; 18. Д; 19. В; 20. Г; 21. Д; 22. А; 23. В; 24. В; 25. Б; 26. А; 27. В; 28. Б; 29. Д; 30. В; 31. Г; 32. Г; 33. В; 34. В; 35. А; 36. Б; 37. В; 38. Г; 39. В; 40. А; 41. В; 42. Б; 43. А; 44. Б; 45. В; 46. Г; 47. В; 48. Б; 49. В; 50. А; 51. Б; 52. В; 53. А; 54. В; 55. В; 56. Г; 57. Б; 58. Г; 59. В; 60. А; 61. Г; 62. Б; 63. Г; 64. Б; 65. В; 66. А; 67. А; 68. В; 69. Б; 70. А; 71. Г; 72. А; 73. В; 74. Б; 75. В; 76. А; 77. Г; 78. Б; 79. Б; 80. Г; 81. А; 82. Б; 83. Г; 84. А; 85. Б; 86. А; 87. Г; 88. В; 89. А; 90. Б; 91. Б; 92. А; 93. Г; 94. В; 95. Б; 96. В; 97. Г; 98. А; 99. Б; 100. В

Тест 6. Лексико-грамматический тест

1. В; 2. Г; 3. А; 4. Б; 5. Г; 6. В; 7. Б; 8. А; 9. А; 10. Г; 11. В; 12. А; 13. Б; 14. В; 15. Г; 16. В; 17. Б; 18. А; 19. Б; 20. В; 21. Г; 22. А; 23. Б; 24. Д; 25. В; 26. Б; 27. А; 28. Д; 29. А; 30. Б; 31. Б; 32. В; 33. Б; 34. В; 35. В; 36. Б; 37. В; 38. А; 39. Г; 40. Б; 41. В; 42. А; 43. В; 44. А; 45. Г; 46. Г; 47. Б; 48. В; 49. А; 50. Г; 51. А; 52. Б; 53. В; 54. Г; 55. А; 56. Б; 57. В; 58. Б; 59. А; 60. В; 61. Б; 62. В; 63. Г; 64. Б; 65. А; 66. Г; 67. Б; 68. А; 69. Г; 70. В; 71. Б; 72. В; 73. А; 74. Б; 75. Г; 76. В; 77. А; 78. А; 79. Б; 80. Б; 81. А; 82. Г; 83. В; 84. Г; 85. В; 86. А; 87. Б; 88. В; 89. А; 90. А; 91. Г; 92. А; 93. Б; 94. В; 95. В; 96. Г; 97. А; 98. Б; 99. Б; 100. В

Тест 7. Лексико-грамматический тест

1. В; 2. Г; 3. Б; 4. Д; 5. А; 6. Г; 7. В; 8. Д; 9. Б; 10. А; 11. Г; 12. В; 13. А; 14. Д; 15. Б; 16. Г; 17. В; 18. А; 19. Д; 20. Б; 21. Г; 22. Д; 23. В; 24. В; 25. А; 26. Б; 27. Г; 28. Б; 29. Б; 30. Б; 31. А; 32. А; 33. А; 34. В; 35. В; 36. А; 37. Б; 38. Г; 39. Г; 40. В; 41. А; 42. Г; 43. Б; 44. В; 45. В; 46. А; 47. А; 48. Е; 49. Г; 50. А; 51. Б; 52. Б; 53. А; 54. В; 55. В; 56. А; 57. А; 58. В; 59. А; 60. Г; 61. А; 62. А; 63. Б; 64. В; 65. А; 66. Г; 67. Б; 68. А; 69. В; 70. В; 71. А; 72. В; 73. В; 74. Б; 75. Г; 76. В; 77. Г; 78. Б; 79. В; 80. А; 81. В; 82. Б; 83. В; 84. Г; 85. Г; 86. В; 87. Б; 88. В; 89. А; 90. В; 91. А; 92. Б; 93. Г; 94. Б; 95. А; 96. В; 97. Б; 98. А; 99. Б; 100. А

I СЕРТИФИКАЦИОННЫЙ УРОВЕНЬ

Тест 1. Падежи (Единственное число)

1. Г; 2. В; 3. Б; 4. В; 5. Б; 6. А; 7. В; 8. Г; 9. А; 10. Б; 11. В; 12. Г; 13. Г; 14. В; 15. А; 16. Г; 17. В; 18. Б; 19. Г; 20. А; 21. В; 22. Г; 23. В; 24. А; 25. Г; 26. В; 27. В; 28. В; 29. Г; 30. А;

31. В; 32. Г; 33. Б; 34. В; 35. Г; 36. Б; 37. В; 38. Г; 39. Б; 40. Г; 41. В; 42. А; 43. А; 44. В; 45. Б; 46. Б; 47. А; 48. Б; 49. В; 50. Б; 51. А; 52. В; 53. А; 54. Б; 55. А; 56. В; 57. Б; 58. В; 59. Б; 60. А; 61. Б; 62. В; 63. А; 64. В; 65. Б; 66. Б; 67. А; 68. В; 69. Б; 70. А; 71. Б; 72. В; 73. Б; 74. В; 75. А; 76. Б; 77. Б; 78. В; 79. А; 80. В; 81. А; 82. Б; 83. В; 84. А; 85. Б; 86. Б; 87. В; 88. В; 89. Б; 90. А; 91. В; 92. В; 93. Г; 94. Б; 95. В; 96. А; 97. Б; 98. В; 99. А; 100. Г

Тест 2. Падежи (Множественное число)

1. В; 2. А; 3. Г; 4. Б; 5. В; 6. Г; 7. Б; 8. А; 9. В; 10. В; 11. Г; 12. Б; 13. Б; 14. Г; 15. А; 16. Г; 17. В; 18. Б; 19. Б; 20. В; 21. А; 22. Г; 23. В; 24. Б; 25. В; 26. А; 27. Б; 28. Б; 29. В; 30. А; 31. Б; 32. В; 33. А; 34. Г; 35. А; 36. В; 37. Г; 38. А; 39. В; 40. Б; 41. А; 42. В; 43. Б; 44. Г; 45. В; 46. Б; 47. Г; 48. А; 49. Б; 50. В; 51. А; 52. Б; 53. Г; 54. А; 55. Б; 56. А; 57. В; 58. Б; 59. А; 60. Г; 61. А; 62. В; 63. А; 64. Б; 65. Б; 66. А; 67. В; 68. Б; 69. В; 70. Б; 71. А; 72. Б; 73. Б; 74. В; 75. А; 76. Б; 77. А; 78. В; 79. А; 80. Б; 81. В; 82. Б; 83. А; 84. Б; 85. В; 86. Б; 87. А; 88. В; 89. В; 90. А; 91. В; 92. Б; 93. В; 94. А; 95. В; 96. Б; 97. Б; 98. В; 99. А; 100. Б

Тест 3. Падежи (Единственное и множественное число)

1. В; 2. Г; 3. Б; 4. Б; 5. В; 6. А; 7. Б; 8. А; 9. Г; 10. В; 11. А; 12. Б; 13. В; 14. А; 15. Б; 16. В; 17. Г; 18. А; 19. В; 20. Г; 21. Б; 22. Г; 23. А; 24. Б; 25. В; 26. Г; 27. А; 28. Б; 29. А; 30. Г; 31. Б; 32. В; 33. А; 34. Б; 35. В; 36. Г; 37. В; 38. А; 39. Б; 40. Б; 41. Г; 42. А; 43. Г; 44. Б; 45. А; 46. Б; 47. А; 48. Б; 49. В; 50. В; 51. А; 52. Г; 53. В; 54. Б; 55. А; 56. В; 57. А; 58. А; 59. Б; 60. В; 61. В; 62. Б; 63. А; 64. В; 65. Б; 66. Б; 67. В; 68. Б; 69. В; 70. Б; 71. В; 72. Б; 73. В; 74. А; 75. Б

Тест 4. Глагол

1. Б; 2. В; 3. А; 4. А; 5. В; 6. Б; 7. А; 8. Б; 9. В; 10. В; 11. А; 12. В; 13. В; 14. В; 15. А; 16. Б; 17. А; 18. В; 19. А; 20. В; 21. Б; 22. А; 23. В; 24. А; 25. В; 26. Б; 27. А; 28. Б; 29. А; 30. А; 31. Б; 32. А; 33. А; 34. Б; 35. Б; 36. А; 37. В; 38. Б; 39. Б; 40. А; 41. В; 42. А; 43. Б; 44. А; 45. А; 46. Б; 47. А; 48. А; 49. А; 50. А; 51. Б; 52. А; 53. Б; 54. Б; 55. А; 56. А; 57. Б; 58. А; 59. Б; 60. Б; 61. А; 62. Б; 63. А; 64. А; 65. Б; 66. А; 67. Б; 68. А; 69. Б; 70. А; 71. Б; 72. А; 73. Б; 74. А; 75. Г; 76. В; 77. А; 78. Г; 79. В; 80. Б; 81. Г; 82. Б; 83. А; 84. Б; 85. А

Тест 5. Сложное предложение со словом «который»

1. В; 2. Б; 3. Г; 4. Б; 5. Г; 6. В; 7. Б; 8. В; 9. Г; 10. Б; 11. В; 12. А; 13. Г; 14. Б; 15. А; 16. Б; 17. А; 18. Г; 19. Б; 20. В; 21. Г; 22. Б; 23. А; 24. В; 25. В; 26. Г; 27. А; 28. В; 29. Б; 30. А; 31. В; 32. А; 33. Г; 34. В; 35. Б; 36. А; 37. В; 38. А; 39. В; 40. Б; 41. В; 42. А; 43. Б; 44. В; 45. А; 46. В; 47. А; 48. Б; 49. Б; 50. В; 51. А; 52. Б; 53. В; 54. Г; 55. Г; 56. В; 57. А; 58. В; 59. Г; 60. А

Тест 6. Сложное предложение

1. А; 2. Б; 3. А; 4. А; 5. Б; 6. Б; 7. А; 8. Б; 9. А; 10. А; 11. Б; 12. А; 13. Б; 14. А; 15. Б; 16. А; 17. Б; 18. А; 19. А; 20. Б; 21. Б; 22. В; 23. В; 24. Г; 25. Б; 26. Г; 27. В; 28. В; 29. В; 30. В; 31. В; 32. В; 33. Г; 34. Г; 35. А; 36. В; 37. Г; 38. В; 39. А; 40. Б; 41. В; 42. В; 43. В; 44. Б; 45. А; 46. В; 47. Г; 48. Б; 49. Б; 50. Б; 51. А; 52. Б; 53. В; 54. А; 55. Б; 56. В;

57. А; 58. А; 59. В; 60. Б; 61. В; 62. А; 63. А; 64. Б; 65. Б; 66. А; 67. Б; 68. А; 69. А; 70. Б; 71. А; 72. А; 73. Б; 74. В; 75. А; 76. Б; 77. А; 78. В; 79. Б; 80. А

Тест 7. Сложное предложение

1. Б; 2. В; 3. А; 4. Б; 5. В; 6. Б; 7. В; 8. А; 9. В; 10. Б; 11. Б; 12. А; 13. Б; 14. В; 15. В; 16. Б; 17. В; 18. А; 19. А; 20. Б; 21. Б; 22. А; 23. А; 24. А; 25. Б; 26. А; 27. В; 28. А; 29. А; 30. В; 31. Б; 32. Б; 33. А; 34. Б; 35. Б; 36. Б; 37. А; 38. В; 39. А; 40. Б; 41. Б; 42. А; 43. В; 44. А; 45. Б; 46. В; 47. А; 48. В; 49. Б; 50. В; 51. А; 52. А; 53. В; 54. А; 55. В; 56. Б; 57. В; 58. В; 59. Б; 60. А

Тест 8. Сложное предложение

1. В; 2. А; 3. Б; 4. В; 5. Г; 6. А; 7. В; 8. Г; 9. Б; 10. Г; 11. В; 12. А; 13. Б; 14. В; 15. А; 16. В; 17. Г; 18. А; 19. В; 20. Г; 21. А; 22. Б; 23. Г; 24. А; 25. Б; 26. Г; 27. А; 28. В; 29. А; 30. Б; 31. Б; 32. В; 33. А; 34. А; 35. Г; 36. Б; 37. Б; 38. В; 39. А; 40. В; 41. Г; 42. А; 43. А; 44. Б; 45. А; 46. Б; 47. А; 48. А; 49. Б; 50. Б; 51. А; 52. Б; 53. Б; 54. А; 55. Б; 56. А; 57. А; 58. Б; 59. Б; 60. А; 61. Б; 62. А; 63. А; 64. Б; 65. Б; 66. А; 67. А; 68. Б; 69. А; 70. Б; 71. Б; 72. А; 73. В; 74. Г; 75. Б; 76. В; 77. Б; 78. А; 79. А; 80. В; 81. Б; 82. В; 83. Б; 84. А; 85. А; 86. Б; 87. Б; 88. Б; 89. А; 90. Г

Тест 9. Причастия и деепричастия

1. Б; 2. А; 3. В; 4. Б; 5. А; 6. Б; 7. А; 8. Б; 9. В; 10. А; 11. Б; 12. А; 13. А; 14. А; 15. Б; 16. Б; 17. А; 18. Б; 19. Б; 20. Б; 21. Б; 22. Б; 23. Б; 24. Б; 25. А; 26. Б; 27. Б; 28. А; 29. Б; 30. Б; 31. Б; 32. Б; 33. А; 34. Б; 35. Б; 36. Б; 37. В; 38. А; 39. А; 40. В; 41. Б; 42. А; 43. Б; 44. Б; 45. В; 46. В; 47. А; 48. А; 49. Б; 50. А; 51. Б; 52. А; 53. Б; 54. А; 55. А; 56. Б; 57. Б; 58. Б; 59. Б; 60. А; 61. Б; 62. А; 63. А; 64. А; 65. Б; 66. Б; 67. А; 68. Б; 69. Б; 70. Б

Тест 10. Грамматический тест

1. Г; 2. В; 3. Б; 4. Г; 5. В; 6. Б; 7. Б; 8. В; 9. А; 10. В; 11. А; 12. Б; 13. А; 14. В; 15. Г; 16. Б; 17. В; 18. А; 19. Б; 20. В; 21. Г; 22. Б; 23. А; 24. В; 25. Б; 26. Б; 27. В; 28. А; 29. Б; 30. А; 31. В; 32. Б; 33. В; 34. А; 35. Б; 36. Б; 37. Б; 38. Б; 39. В; 40. А; 41. Б; 42. Б; 43. А; 44. Б; 45. А; 46. Б; 47. Б; 48. Б; 49. Б; 50. Б; 51. Г; 52. В; 53. Б; 54. А; 55. Б; 56. Б; 57. В; 58. Г; 59. Б; 60. В; 61. А; 62. Б; 63. А; 64. Б; 65. А; 66. Б; 67. Б; 68. В; 69. А; 70. А; 71. Б; 72. Б; 73. Б; 74. В; 75. А; 76. Б; 77. Г; 78. В; 79. А; 80. В; 81. Б; 82. А; 83. Б; 84. В; 85. А; 86. Г; 87. В; 88. Б; 89. Г; 90. А; 91. Б; 92. А; 93. А; 94. Б; 95. А; 96. А; 97. Б; 98. В; 99. Г; 100. Б; 101. А; 102. Г; 103. Б; 104. Б; 105. А; 106. Б; 107. А; 108. А; 109. А; 110. Б

Тест 11. Грамматический тест

1. Б; 2. В; 3. Г; 4. Г; 5. В; 6. Б; 7. В; 8. Г; 9. А; 10. Б; 11. Г; 12. А; 13. В; 14. Б; 15. А; 16. Б; 17. А; 18. Г; 19. Б; 20. В; 21. А; 22. А; 23. Г; 24. В; 25. Б; 26. А; 27. Г; 28. В; 29. А; 30. Б; 31. В; 32. Б; 33. В; 34. А; 35. Б; 36. А; 37. А; 38. Б; 39. В; 40. В; 41. Б; 42. Б; 43. В; 44. А; 45. Б; 46. Б; 47. Б; 48. Б; 49. А; 50. А; 51. А; 52. Б; 53. А; 54. А; 55. Б; 56. Б; 57. Б; 58. А; 59. А; 60. Б; 61. А; 62. А; 63. Б; 64. А; 65. Б; 66. А; 67. Б; 68. Б; 69. Б; 70. В; 71. А; 72. Б; 73. Б; 74. В; 75. А; 76. В; 77. Г; 78. А; 79. А; 80. Г; 81. В; 82. В; 83. А; 84. Б; 85. В; 86. А; 87. Б; 88. Б; 89. Г; 90. А; 91. В; 92. Г; 93. А; 94. В; 95. А; 96. Б; 97. Г;

98. В; 99. А; 100. В; 101. А; 102. Б; 103. А; 104. А; 105. В; 106. Б; 107. А; 108. Б; 109. А; 110. А; 111. Б; 112. А; 113. Б; 114. В; 115. А; 116. Б; 117. А; 118. Г; 119. А; 120. Б; 121. Б; 122. В; 123. А; 124. А; 125. Б; 126. А; 127. Б; 128. Б; 129. А; 130. Г

Тест 12. Лексико-грамматический тест

1. В; 2. В; 3. А; 4. В; 5. В; 6. Б; 7. В; 8. А; 9. В; 10. В; 11. Б; 12. Б; 13. Б; 14. А; 15. Б; 16. А; 17. Б; 18. А; 19. Б; 20. В; 21. А; 22. А, Б; 23. Б, В; 24. А, Б; 25. А, Б; 26. Б; 27. В; 28. А; 29. В; 30. А; 31. Г; 32. В; 33. Б; 34. А; 35. Б; 36. Г; 37. А; 38. Б; 39. А; 40. В; 41. Г; 42. В; 43. А; 44. А; 45. Г; 46. Б; 47. Г; 48. Б; 49. А; 50. В; 51. Г; 52. А; 53. Г; 54. А; 55. В; 56. Б; 57. Г; 58. В; 59. Б; 60. Б; 61. В; 62. А; 63. Б; 64. А; 65. В; 66. А; 67. А; 68. А; 69. Б; 70. В; 71. В; 72. В; 73. Б; 74. А; 75. Б; 76. Б; 77. В; 78. Б; 79. Б; 80. А; 81. В; 82. А; 83. В; 84. Б; 85. А; 86. Б; 87. Б; 88. Б; 89. Б; 90. Б; 91. Б; 92. Б; 93. А; 94. А; 95. А; 96. Б; 97. А; 98. Б; 99. А; 100. Б; 101. Б; 102. А; 103. А; 104. А; 105. Б; 106. Б; 107. А; 108. А; 109. Б; 110. А; 111. Б; 112. А; 113. Б; 114. А; 115. Б; 116. А; 117. Б; 118. А; 119. Б; 120. А; 121. А; 122. А; 123. В; 124. Б; 125. Б; 126. Г; 127. В; 128. В; 129. Б; 130. А